GÜTERSLOHER
VERLAGSHAUS

Gütersloher Verlagshaus. Dem Leben vertrauen

Georg Schwikart

Die 100 wichtigsten Fragen zu Tod und Trauer

Gütersloher Verlagshaus

Bibliografische Information der Deutschen Nationalbibliothek
Die Deutsche Nationalbibliothek verzeichnet diese Publikation in der Deutschen Nationalbibliografie; detaillierte bibliografische Daten sind im Internet über http://dnb.d-nb.de abrufbar.

1. Auflage

Covermotiv: © Mirco Milovanovic, München
Druck und Einband: Těšínská tiskárna, a.s., Český Těšín
Printed in Czech Republic
ISBN 978-3-579-06811-4

www.gtvh.de

Inhalt

B Bestattung – für welche Form werde ich mich entscheiden

C Abschied nehmen – was muss ich zur Trauerfeier wissen

D Richtig trauern dürfen – Fragen zur Zeit danach

Vorwort

Es gibt keine falschen Fragen, darum fragen Sie!

Das Leben fließt und fließt, es scheint zu funktionieren wie eine Maschine. Wenn etwas nicht läuft, wie wir es wünschen, etwas kaputtgeht, wenn Unvorhergesehenes geschieht oder Pannen auftreten, dann vertrauen wir auf Notausgänge, auf Versicherungen, Reserven und den »Plan B«. Wenn aber der Tod in unser Leben kommt, fallen alle Hintertüren zu.

Der Tod ist das Endgültige. Das Leben scheint auch für jene, die einem Verstorbenen nahestanden, für einen Augenblick stillzustehen. Doch setzt gerade der Tod eines Menschen so viel in Bewegung. Menschen und Behörden müssen informiert werden. Entscheidungen sind zu treffen, die Bestattung zu organisieren. Und all das im Stress der Trauer.

Viele Fragen tun sich auf, wenn ein Todesfall eintritt. Dieses Buch bemüht sich um Antworten. Manche Informationen sind einfach und klar weiterzugeben, andere Daten hingegen können nur als Anhaltspunkt dienen, weil vieles in jedem Bundesland und sogar jeder Kommune unterschiedlich geregelt wird. Kosten etwa variieren von Stadt zu Stadt und von Bestatter zu Bestatter. Schließlich gibt es Fragen, auf die eindeutige Antworten gar nicht gegeben werden können; eigene Erfahrungen und Ansichten lassen sich nicht verallgemeinern. All jenen, die angesichts eines Trauerfalls agieren müssen, mögen diese Antwortversuche eine Hilfe sein.

Georg Schwikart

A Gut zu wissen – Fragen, nachdem jemand verstorben ist

Was muss ich tun, wenn jemand zu Hause gestorben ist?

Unverzüglich einen Arzt rufen (Hausarzt oder Ärztlichen Notdienst). Der Arzt stellt den Tod fest und bestätigt dies durch den Totenschein. Dieser wird für die Anzeige beim Standesamt benötigt. Bei Tod im Krankenhaus oder Heim ruft dieses den Arzt.

Muss beim Tod eines Angehörigen immer ein Bestattungsinstitut eingeschaltet werden?

Ja, in Deutschland besteht die Pflicht, einen Bestatter einzuschalten. Er muss bestimmte Dinge übernehmen und dokumentieren; auch kennt er sich mit Rechten und Pflichten im Bestattungsfall aus.

Wann informiere ich den Bestatter?

Der Bestatter kann Tag und Nacht angerufen werden – meist genügt es tagsüber, da in der Nacht nur die Leiche abgeholt werden kann. Für alle anstehenden Entscheidungen – die Bestattungsart, den Bestattungsort (Friedhof), den Bestattungstermin – braucht man einen klaren Kopf.

Spätestens am Tag nach dem Tod muss der Bestatter informiert werden, wenn er mit den notwendigen Behördengängen beauftragt wird.

Was dürfen die Angehörigen normalerweise nicht selbst erledigen?

Den Verstorbenen transportieren oder überführen. Außerdem ist die Aufbewahrung des Leichnams bis zur Bestattung nur dem Bestatter erlaubt. Auch das Einsargen ist in der Regel ihm vorbehalten.

Was können denn die Angehörigen selbst tun?

Sie können den Toten waschen, herrichten und ankleiden. Sie können Behördengänge erledigen. Sie können Dinge für die Bestattung organisieren (Blumenschmuck, Kaffeetrinken). Schließlich können sie alle Drucksachen übernehmen (Zeitungsanzeige, Trauerkarten, Danksagungen).

Wer ist nach dem Tod zu informieren?

Neben der engeren Familie müssen vor allem Behörden umgehend über den Tod informiert werden. Zunächst ist der Todesfall beim Standesamt anzuzeigen; dort muss die Sterbeurkunde beantragt werden. Um diesen Antrag stellen zu können, sind folgende Unterlagen nötig:

- der eigene Personalausweis, um sich ausweisen zu können
- der Totenschein
- der Personalausweis des Verstorbenen
- bei Ledigen die Geburtsurkunde (wenn nicht mehr vorhanden, kann sie vom Standesamt des Geburtsortes angefordert werden)
- bei Verheirateten die Heiratsurkunde, wenn Eheschließung vor 1958 (wenn nicht mehr vorhanden, kann sie beim Standesamt des Eheschließungsortes angefordert werden)

- eine aktuelle beglaubigte Kopie aus dem Familienbuch, wenn Eheschließung nach dem 01.01.1958
- bei Geschiedenen die Heiratsurkunde und das Scheidungsurteil
- bei Verwitweten die Heiratsurkunde und die Sterbeurkunde des verstorbenen Ehepartners, wenn Eheschließung vor 1958
- eine aktuelle beglaubigte Kopie aus dem Familienbuch, wenn Eheschließung nach dem 01.01.1958. Das Familienbuch wird beim Standesamt des letzten gemeinsamen Wohnortes der Eheleute geführt.

Sinnvoll ist es, sich gleich mehrere Sterbeurkunden ausstellen zu lassen (z. B. für Bestattungsformalitäten, Krankenkasse, Rententräger, Versicherungen o. Ä.).

Diese Formalitäten können persönlich oder durch ein Bestattungsunternehmen erledigt werden.

Was unterscheidet den »Totenschein« von der »Sterbeurkunde«?

Der Totenschein (auch Todesbescheinigung oder Leichenschauschein genannt) ist eine Urkunde, die ein Arzt ausstellt. Er bescheinigt nach gründlicher Untersuchung des unbekleideten Körpers den Tod des Betreffenden, gibt dessen Personalien, die Zeit und den Ort des Todes an. Außerdem werden die Todesursache und die Todesart vermerkt, also, ob es sich um einen natürlichen oder nichtnatürlichen Tod handelt.

Der Totenschein und die in ihm beurkundeten Feststellungen sind Grundlage für Entscheidungen zahlreicher Behörden. Beispielhaft seien Standesamt (Beurkundung des Todes im Sterbebuch), Ortspolizeibehörde (Freigabe zur Feuerbestattung mangels Verdachts einer Straftat) und Gesundheitsamt (Bestattungsfristverlängerungen und -verkürzungen) genannt.

Die Sterbeurkunde wird in Deutschland von den Standesämtern ausgestellt. Grundlage der Sterbeurkunde ist der ärztliche Totenschein. Amtlich beglaubigte Abschriften der Sterbeurkunde werden in der Regel für das Nachlassgericht für den Antrag auf Erteilung eines Erbscheins benötigt sowie für Rentenanträge und andere Versicherungsleistungen. Sterbeurkunden für religiöse und Rentenzwecke sowie für die Sozialversicherung werden kostenfrei ausgestellt. Die erste weitere Sterbeurkunde kostet zurzeit 7,00 Euro, jede weitere 3,50 Euro. Dies gilt bundesweit für alle Standesämter.

Wer ist sonst noch zu informieren?

Wenn der/die Verstorbene berufstätig war, muss der Arbeitgeber verständigt werden. Verwandte, Freunde, Bekannte, Vermieter, Arbeitskollegen, Nachbarn usw. sollten spätestens dann informiert werden, wenn der Bestattungstermin feststeht.

Zahlt die Krankenkasse ein Sterbegeld?

Ab 01.01.2004 wurde das Sterbegeld aus dem Leistungskatalog der gesetzlichen Krankenkassen herausgenommen und ist seither abgeschafft. Ist ein privat Unfallversicherter durch einen Unfall ums Leben gekommen, wird Sterbegeld bezahlt. Private Krankenversicherungen bezahlen generell kein Sterbegeld. Allerdings gibt es davon unabhängige private Sterbegeldversicherungen.

Muss für die Wohnung des Verstorbenen nach seinem Tod noch Miete bezahlt werden?

Das Mietverhältnis endet nicht mit dem Tod des Mieters, sondern erst nach Kündigung durch dessen Erben. Die gesetzliche oder vertraglich vereinbarte Kündigungsfrist ist einzuhalten.

Was passiert, wenn jemand im Ausland stirbt?

In jedem Land der Erde muss ein Totenschein ausgestellt werden. Dieser ist auch für alle Formalitäten im Heimatland wichtig.

Die grundsätzliche Frage bei einem Todesfall im Ausland lautet: Soll der Verstorbene dort bestattet werden, oder lässt man ihn in sein Heimatland überführen und hier beisetzen?

Wer sich für eine Beisetzung im Ausland entscheidet, muss sich über die Bedingungen informieren, z. B. für die Grabnutzung durch Ausländer.

Wer lieber überführen will, kann wählen zwischen dem Transport des Leichnams (Kosten zwischen 3.000

und 10.000 Euro) und dem Transport der Urne, wenn der Tote zuvor im Gastland eingeäschert wurde (Kosten 300 bis 1.500 Euro).

Es ist ratsam, Kontakt mit einem Bestatter im Inland aufzunehmen, der Bescheid weiß über das nicht ganz einfache Verfahren, eine Urne oder einen Leichnam einzuführen. Für die Rückführungskosten beim Todesfall im Ausland kann man eine Versicherung abschließen.

Was geschieht, wenn ein Mensch verschollen ist?

Verschollen ist, wessen Aufenthalt während längerer Zeit unbekannt ist, ohne dass Nachrichten darüber vorliegen, ob er in dieser Zeit noch gelebt hat oder gestorben ist. Ein Verschollener kann unter bestimmten Voraussetzungen für tot erklärt werden. Als Todeserklärung bezeichnet man die richterliche Erklärung, dass eine Person verstorben ist, jedoch mangels exakten Nachweises über das Ableben der Person kein Totenschein ausgestellt werden kann. Eine Todeserklärung ist beispielsweise nötig, um die Angelegenheiten des Verschollenen regeln, sein Erbe antreten oder – für Ehepartner – wieder heiraten zu können.

Die Todeserklärung ist zulässig, wenn seit dem Ende des Jahres, in dem der Verschollene nach den vorhandenen Nachrichten noch gelebt hat, zehn Jahre, oder, wenn der Verschollene zur Zeit der Todeserklärung das achtzigste Lebensjahr vollendet hätte, fünf Jahre verstrichen sind. Vor dem Ende des Jahres, in dem der Verschollene das fünfundzwanzigste Lebensjahr vollendet hätte, darf er nicht für tot erklärt werden.

Ist der Verschollene unter Umständen vermisst, die eine hohe Wahrscheinlichkeit seines Todes begründen, so wird die bestimmte Jahresfrist von dem Zeitpunkt ab berechnet, in dem er vermisst worden ist. Bei Soldaten im Krieg muss nach der Feststellung der Verschollenheit ein Jahr verstreichen, bis die Todeserklärung möglich ist, bei Seeleuten, deren Schiff untergegangen ist, reichen sechs Monate, in manchen Fällen, die offensichtlich zum Tode führten (etwa ein Flugzeugabsturz), genügen auch drei Monate.

Wofür ist eine Todesanzeige in der Zeitung gut?

Eine Todesanzeige in der Zeitung informiert über den Tod eines Menschen. Eine Zeitung wird von verschiedensten Menschen gelesen: von Nachbarn, Kollegen, Vereinsfreunden, weitläufigen Bekannten des Verstorbenen und der Angehörigen, von Leuten, mit denen vielleicht kein guter Kontakt bestand, und von einer unbeteiligten, wahrscheinlich uninteressierten Mehrheit.

Vor diesem Hintergrund ist zu überlegen, welche Informationen weitergegeben werden sollen: nur die Tatsache des Todes, oder auch seine Umstände (Krankheit, Unfall, Suizid)? Sollen die Gefühle der Hinterbliebenen erwähnt werden (»in tiefer Trauer«)? Wird zu einer Beerdigung eingeladen, oder soll die Anzeige deutlich machen, dass die Öffentlichkeit nicht an der Trauerfeier teilnehmen soll?

Eine Todesanzeige sagt nicht nur etwas über den Verstorbenen aus, sondern auch über jene, die sie aufgeben.

Was schreibt man in eine Todesanzeige?

Die Todesanzeige in der Zeitung sollte enthalten: die Mitteilung vom Ableben der Person, den Namen des Verstorbenen, bei verheirateten Frauen eventuell den Geburtsnamen, Geburts- und Todestag, und die Namen der anzeigenden Hinterbliebenen. Auf die Erwähnung der Anschrift kann verzichtet werden, wenn Kondolenzbekundungen nicht erwünscht sind.

Es können erwähnt werden: Titel, Berufsbezeichnungen, Orden und Ehrungen des Verstorbenen, ein Sinnspruch, Tauf-, Konfirmations- oder Trauspruch, die Umstände des Todes, die Reaktion der Hinterbliebenen, Verwandtschaftsbeziehungen zum Verstorbenen in direkter Linie (z. B. »unsere Mutter, Großmutter, Schwester, Schwägerin und Tante«), Termin (mit Wochentag) und Ort der Trauerfeier/Beerdigung oder eine Mitteilung, dass die Trauerfeier unter Ausschluss der Öffentlichkeit (»im engsten Familienkreis«) stattfindet oder bereits stattgefunden hat.

Sinnvoll sind auch Hinweise darauf, dass die Zeitungsanzeige anstelle persönlicher Mitteilungen erscheint (»Statt Karten« – schöner klingt: »Statt jeder besonderen Anzeige«), oder dass anstatt Blumen Spenden für einen sozialen Zweck erbeten werden. Die Anzeigen können um kleine Graphiken erweitert werden.

Obacht: Ein Kreuz ist kein Zeichen für den Tod, sondern ein Symbol des christlichen Glaubens.

Was ist an einer »Todesmitteilung« anders als an einer Zeitungsanzeige?

Die Todesmitteilung ist eine Todesanzeige, die als Brief oder Karte persönliche Adressaten hat. Im Unterschied zur Anzeige in der Zeitung erreicht sie eine ausgewählte Gruppe von Menschen, die über den Tod informiert und zur Trauerfeier eingeladen werden. Für die begrenzte Empfängergruppe kann der Text persönlicher gehalten werden. Die Mitteilung bietet die Gelegenheit, den Angeschriebenen persönliche Zeilen zu widmen.

Zu beachten ist: Wird zur Trauerfeier eingeladen, sollte der Brief so früh wie möglich zugestellt sein, spätestens am Tag zuvor. Die Mitteilung kann von den Angehörigen oder vom Bestattungsinstitut weitergeleitet werden. Das Bestattungshaus kuvertiert und adressiert die Todesmitteilungen, wenn es von den Angehörigen eine Anschriftenliste erhält. Die Briefe selbst zu versenden, kann jedoch für die Trauernden eine kleine Hilfe bei der Trauerbewältigung darstellen. Das Porto beachten: Todesmitteilungen kosten normales Briefporto.

Erst ab 50 Exemplaren, die alle zusammen aufgegeben werden, gibt es die preiswerte Form des Infobriefes.

Was versteht man unter einem Nachruf?

Der Nachruf ist eine Veröffentlichung, die nicht speziell von den Hinterbliebenen kommt, sondern von Menschen, die in einer wie auch immer gearteten Beziehung zum Verstorbenen standen.

Der Nachruf ist eine Würdigung des Verstorbenen und drückt den Verlust aus, den der Tod für die entsprechende Gruppe bedeutet. Er kann Trauer formulieren und den Angehörigen Anteilnahme bekunden. Aufgegeben werden Nachrufe von Firmen, Institutionen, Parteien, Organen des Gemeinwesens, Vereinen, aber auch von Freundeskreisen oder den Nachbarn.

Nachrufe erscheinen zeitgleich oder später als die Todesanzeige der Angehörigen. Sie sollten bis zum Tag der Beerdigung veröffentlicht sein. Die Verstorbenen sollten nicht auf ihre Funktionen reduziert werden (»eine hervorragende Sekretärin«), sondern auch in ihrer menschlichen Seite gewürdigt werden. Tätigkeiten und Qualitäten können erwähnt werden, Zeiträume der Berufstätigkeit und die Bedeutung für das Unternehmen. Angemessene Formulierungen benutzen: vielleicht passt statt »Wir werden seiner stets ehrend gedenken« besser »Wir sind ihm für seine Tätigkeit bei uns dankbar«. Firmen und Organisationen haben keine Gefühle, nur Menschen. Es trauert also nicht die »Schwarzgeld-Bank«, sondern deren Mitarbeiterinnen und Mitarbeiter, die Belegschaft, die Kollegen, der Betriebsrat usw. Wenn Einzelne für eine Gruppe zeichnen, muss sichergestellt sein, dass sie diese Gruppe repräsentieren – entweder qua Amt/Funktion, oder indem die anderen den Text des Nachrufs zustimmend zur Kenntnis genommen haben.

Was soll man beim Kondolieren sagen?

Unser deutsches Wort Kondolieren kann aus dem Lateinischen etwa mit »Mitleid haben, Schmerz mitfühlen« übersetzt werden. Es bedeutet, den Hinterbliebenen eines Verstorbenen Anteilnahme und Mitgefühl auszudrücken.

Die Nähe bzw. Distanz zum Verstorbenen und den Hinterbliebenen bestimmt die Form der Kondolenz. Die intensivste ist ein Besuch bei den Hinterbliebenen unmittelbar nach Erhalt der Todesnachricht. Die schwächste Form wäre eine unterschriebene, vorgedruckte Karte. Dazwischen gibt es viele Abstufungen der Kondolenz.

Für jene, die einen lieben Menschen verloren haben, ist zunächst zweierlei wichtig: Dass jemand behilflich ist, die praktischen Dinge zu erledigen, die mit einem Todesfall zusammenhängen. Zum anderen müssen Menschen da sein, die einfach die Trauer mit aushalten.

Wer einem Trauernden begegnet, muss nicht viele Worte machen. Kluge Sprüche und leichtfertige Erklärungen, die den Schmerz ignorieren, sind sogar fehl am Platz. Meistens genügt es, den Trauernden zuzuhören oder mit ihnen das Schweigen zu teilen. Ein geschriebener Kondolenzgruß soll das Mit-Trauern ausdrücken und kann eventuell Hilfe anbieten.

Kondolenzschreiben sollten unmittelbar nach Erhalt der Todesnachricht geschrieben werden. Es geht nicht um große, geschliffene Worte: Die Hinterbliebenen sollen spüren, dass es Menschen gibt, die mit ihnen trauern. Wenn Sie sprachlos sind, dann sagen Sie das. Drücken Sie nicht nur Ihre Trauer über den Verlust des Verstorbenen aus, trösten Sie auch diejenigen, die zurückbleiben. Wenn Sie Gutes über den Verstorbenen zu sagen haben, dann sagen Sie es. Äußern Sie sich nicht negativ über ihn. Vermeiden Sie auch praktische Tipps für die Zukunft. Das hat alles Zeit bis nach der Beerdigung. Bieten Sie Ihre Hilfe an, wenn es gewünscht ist. Das kann auch die Bereitschaft sein, für ein Gespräch zur Verfügung zu stehen. Vermerken Sie in einem Kondolenzschreiben, wenn Sie nicht an der Trauerfeier teilnehmen können.

Beerdigungen sind kostspielig. Wenn Sie wissen, dass der Todesfall die Hinterbliebenen in finanzielle Schwierigkeiten bringen kann, scheuen Sie sich nicht, einen Geldbetrag zur Unterstützung beizulegen.

Schließlich: Sparen Sie sich ein »herzliches Beileid«, wenn Sie gar nicht trauern. Dann langt auch eine unterzeichnete Kondolenzkarte, die der Konvention Genüge tut.

Jeder trauert anders: manche Hinterbliebenen suchen das Gespräch, andere scheuen es. Versuchen Sie mit der gebotenen Zurückhaltung, telefonisch Kontakt aufzunehmen. Geschriebene Zeilen haben allerdings den Vorteil, dass die Hinterbliebenen bestimmen können, wann sie diese lesen. Es müssen nicht vorgedruckte Karten sein, auch ein normaler Briefbogen taugt für ein Kondolenzschreiben. Geeignet sind auch Spruchkarten. Kondolenzdrucksachen sind in jedem Schreibwarenladen erhältlich. Per Fax oder E-Mail zu kondolieren ist stillos. Eine solche Methode lässt sich höchstens mit großen räumlichen Entfernungen, etwa aus dem Ausland, rechtfertigen.

Wie gehen Kinder mit dem Tod um?

Für das Thema Tod sind Kinder noch zu klein, möchte man meinen. Oft will man sie schonen, ihnen, solange es eben geht, die Welt heil erscheinen lassen. Das ist gut gemeint, aber hilft es? Schon die Kleinsten nämlich machen die Erfahrung, dass Dinge ihre Zeit haben: Milch wird nach ein paar Tagen sauer, der Schnee schmilzt, die schönsten Blumen welken, im Herbst verlieren die Bäume ihre Blätter.

Kinder sehen eine tote Fliege, töten vielleicht selbst ein Insekt. Trotz aller Abschirmungsversuche von Seiten der Erwachsenen wird es sich nicht vermeiden lassen, dass Kinder dem Tod begegnen: im Fernsehen oder in einem Buch stirbt jemand; die Familie geht am Friedhof vorbei; über die Straße fährt ein Leichenwagen; der Hamster liegt eines Morgens reglos im Käfig.

Jeder Verlust, den ein Kind erlebt – angefangen vom kaputten Spielzeug über den Wohnungswechsel bis zum Auszug eines Elternteils nach Trennung –, ist indirekt eine Vorbereitung auf den Umgang mit dem »Ernstfall«, dem Tod eines Menschen. Der Tod, das ist dann der Verlust, der endgültig, der irreparabel ist.

Das aber müssen Kinder erst erkennen lernen: Der Tod ist keine vorübergehende Sache, sondern er ist von Dauer. Wenn das Kind fragt: »Wann kommt die

Oma (die gestorben ist) wieder?«, dann würde die angemessene Antwort lauten: »Die Oma kann nicht wiederkommen, weil sie tot ist.« Als ein Mädchen fragte: »Wie lange ist der Tod?«, bekam es zwar die richtige, wie sich aber herausstellte, missverständliche Antwort: »Von Dauer.« Das Kind schien beruhigt: »Dann ist es ja nicht so schlimm: Die Dauerwellen von Mama halten nur vier Wochen.«

Die Wissenschaft von der Seele (Psychologie) zeigt uns, dass das Bewusstsein vom Tod erst reifen muss. Für Kinder unter drei Jahren gilt: sie können Sterben und Tod mit ihrem Verstand noch nicht erfassen. Ihnen dergleichen erklären zu wollen, überfordert sie. Als ein Bestatter seinen kleinen Enkel mit auf eine Beerdigung nahm, konnte das Kind seine Gefühle daher nicht ausdrücken. Sein Unbehagen fasste es in die einfachen, aber aussagekräftigen Worte: »Das war aber nicht schön.«

Erst im Alter von drei Jahren haben Kinder in der Regel ein Wissen vom Tod, aber immer noch keine rechte Vorstellung von ihm. Laut einer Befragung gibt die Hälfte der Kinder unter fünf an, die anderen würden wohl einmal sterben, sie selbst jedoch niemals. Sie erkennen noch nicht den Zusammenhang von Ursache und Wirkung: Erkrankung oder Unfall können zum Tod führen. Kleine Kinder aber finden eigene Erklärungen: »Die Mama ist krank, weil sie böse auf mich ist«, oder: »Der Opa ist gestorben, weil ich ihm nicht geschrieben habe.« Die Tatsache, dass Kinder sich jenseits aller objektiven Logik häufig als Ursache für den Tod eines geliebten Menschen betrachten, ist im Hinblick auf die daraus resultierenden Schuldgefühle nicht zu unterschätzen und muss so früh wie möglich aufgearbeitet werden.

Erst zwischen fünf und sieben Jahren (oder auch zwischen vier und sechs) scheint der Tod für Kinder, im Sinne eines dauernden Wechsels von Leben und Sterben, als etwas Normales akzeptiert zu werden. 73 von 100 Sechsjährigen, 82 von 100 Siebenjährigen haben ein Bewusstsein von ihrer eigenen Sterblichkeit. Sie interessieren sich in dieser Phase für die körperlichen und biologischen Fragen, die mit dem Tod zusammenhängen. Sterben bedeutet Verlust der Körperfunktionen – keine Atmung mehr, kein Herzschlag.

Mit sieben oder acht Jahren begreifen die Kinder, was Tod bedeutet; oder besser gesagt: sie sind offen und bereit für eine angemessene Erklärung. Der Tod, das ist Unbeweglichkeit: Der Tote hat keine Gefühle mehr, seine Körperfunktionen sind erloschen – er verspürt weder Hunger noch Müdigkeit. Er verwest oder wird verbrannt.

Der Tod bedeutet Endgültigkeit: anders als beim

Spielen, wo man einen Kameraden »erschießt«, der anschließend aber wieder aufsteht. Jetzt erkennen die Kinder auch die objektive Gesetzmäßigkeit von Ursache und Wirkung: Der Tod geht auf Krankheit, Alter, Unfall, Gewalteinwirkung zurück, nicht auf Streit, den man miteinander hatte, auf Ungehorsam oder Nichtbeachtung. Schließlich: Der Tod besitzt Allgemeingültigkeit – alle werden einmal sterben.

Religiös erzogene Kinder machen sich Gedanken über das Leben nach dem Tod und gewinnen eine Phantasie von dem, was wir Seele nennen. Da tauchen auch Fragen auf: Was hat Gott damit zu tun? Warum hat er den Toten nicht am Leben gehalten? Hier machen Erwachsene manchmal schwere Fehler, wenn sie mit Kindern über den Tod sprechen. So erklären sie beispielsweise, jemand sei gestorben, weil Gott ihn unbedingt als Engel haben wollte. Oder jemand ist jung gestorben, weil, so sagt man unbedacht, »die Besten immer früh sterben«. Danach blieben dann nur die »Menschen 2. Klasse« lange am Leben. Gut zu sein, wäre demnach lebensgefährlich.

Ist das Thema »Tod« für Kinder nicht eine Nummer zu groß? Müssen sie damit schon belastet werden? Selbst Erwachsene versuchen doch immer wieder, diese Gedanken zu verdrängen, weil sie ihnen unerträglich erscheinen. Aber kann man wirklich wählen? Der

Tod gehört zum Leben. Wir müssen über ihn sprechen, weil wir nicht umhinkommen, ihm immer wieder zu begegnen. Was Erwachsene in diesem Zusammenhang lernen müssen, das ist, mit Kindern angemessen darüber zu reden.

Bewusst machen sollten wir uns auch, dass Kinder manchmal viel unbeschwerter mit Tatsachen umgehen, die Erwachsenen Schwierigkeiten bereiten. Zudem wissen wir, dass in anderen Ländern Kinder viel selbstverständlicher mit all dem konfrontiert werden, was den Tod betrifft. Bei uns wird meist sehr steril und entfernt im Krankenhaus oder Altenheim gestorben, und wenn zu Hause, dann holt der Bestatter den Leichnam schnell ab. Angehörige selbst legen heute kaum noch Hand an.

So geht den Kindern und den Erwachsenen der direkte Kontakt mit Sterbenden und Toten verloren. Das aber erschwert die Erfahrung, dass der Tod ein Bestandteil des Lebens ist. Der Versuch ihn auszuklammern bedeutet, dass wir das Leben in seiner Ganzheit nicht annehmen und es damit ein Stück weit verfehlen. Die Begegnung mit dem Tod in altersgemäßer Form sollte daher auch Kindern ermöglicht werden, um ihnen Gelegenheit zu geben, ihn so früh wie möglich als etwas Unabwendbares zu erfahren und zu integrieren.

Ist es berechtigt, von »Selbstmord« zu sprechen?

Es ist etwas ganz anderes, ob ein Mensch durch eine Krankheit stirbt, durch einen Unfall, an Altersschwäche – oder durch eigene Hand. Es fällt schwer, dafür ein passendes Wort zu finden. Der immer noch allgemein übliche Begriff »Selbstmord« scheint dafür nicht recht zu passen. Denn laut Gesetz ist ein »Mörder« jemand, der einen anderen Menschen aus böser Absicht tötet.

Wenn ein Mensch sich umbringt, wendet er gegen sich selbst Gewalt an. Er ist voller Aggression gegen sich, denn er kann sich selbst nicht mehr lieben. Er ist voller Wut, die er nicht an anderen, sondern an sich selbst auslässt. Oder er leidet so sehr, dass er dieses Leiden nicht mehr ertragen kann und es beenden will.

Da Menschen, die sich selbst töten, furchtbar gelitten haben müssen, sollte man für ihr Handeln Begriffe wie »Mord« und »Mörder« vermeiden. Wir sprechen besser von »Freitod« oder »Selbsttötung«, oder wir benutzen das lateinische Wort »Suizid« und versuchen, es zu umschreiben, mit Wörtern, die sich verständnisvoller und weniger anklagend anhören: sich das Leben nehmen, freiwillig aus dem Leben scheiden, den Freitod wählen, Hand an sich legen, Schluss machen.

Welche Bezeichnung man dafür wählt, sagt auch etwas darüber aus, wie man die Tat bewertet.

Wie häufig sterben Menschen durch Suizid?

Nach Schätzungen der Weltgesundheitsorganisation gibt es weltweit etwa eine Million Suizide pro Jahr; 10- bis 20-mal so viele Suizidversuche scheitern. In Deutschland sterben jährlich durchschnittlich zwischen 11.000 und 12.000 Menschen durch Suizid (etwa 14 je 100.000 Einwohner), wobei zusätzlich von einer hohen Dunkelziffer auszugehen ist. Diese Zahl entspricht ca. 1,3 Prozent aller Todesfälle und übersteigt damit die Anzahl der Verkehrstoten (5 362 Todesopfer im Jahr 2005) bei Weitem. In der Altersgruppe der 15- bis 35-Jährigen ist der Suizid die zweithäufigste Todesursache. Man geht davon aus, dass die Zahl ernsthafter Suizidversuche bei ca. 100.000 bis 150.000 pro Jahr liegt, das heißt, etwa jeder zehnte Suizidversuch geht tödlich aus. Die Zahl der Suizidversuche ist bei Frauen etwas höher als bei Männern; drei Viertel aller erfolgreichen Suizide werden von Männern begangen.

Warum nehmen Menschen sich das Leben?

Aus medizinischer Sicht ist der Suizid in vielen Fällen das Symptom einer Depression oder einer verwandten psychischen Störung, anderer schwerer Krankheiten oder Behinderungen, die der betroffene Mensch nicht mehr länger aushalten möchte. Suizide aus anderen Gründen (z. B. als Konsequenz eines »Gesichtsverlustes« oder einer Lebenskrise) sind zahlenmäßig seltener.

Teilweise wird der Suizid als letzter Ausweg eines Menschen aus einem Leben angesehen, das von körperlichen Schmerzen und Leiden bestimmt ist, welche sich mit den Mitteln der Medizin nicht lindern lassen. Die Sterbehilfe durch fremde Hand wird international kontrovers diskutiert und ist unterschiedlich juristisch geregelt (Euthanasie).

Manche Menschen wollen mit ihrem Freitod vielleicht anderen Menschen Schuldgefühle bereiten, zum Beispiel wollen sie ausdrücken: »Du hast mich nicht genug geliebt. Das hast du jetzt davon.« Oder: »Ihr habt mich nicht ernst genommen, als ich gesagt habe, dass ich es nicht mehr aushalten kann. Seht ihr, ich habe es doch ernst gemeint!« – Oder sie wollen ein Zeichen setzen und auf ein politisches Anliegen aufmerksam machen. Es gab beispielsweise Menschen, die sich selbst verbrannten, um damit gegen Diktatur und Unterdrückung zu protestieren. Wieder andere wollen für eine, wie sie glauben, gerechte Sache sterben (»Selbstmordattentäter«).

Stimmt das: Wer seinen Freitod ankündigt, der meint es gar nicht ernst?

Früher hat man angenommen, dass derjenige, der seinen Suizid ankündigt, nicht Ernst mache, sondern nur leere Drohungen ausspreche, um auf sich und seine Probleme aufmerksam zu machen. Das ist aber nicht so! Von hundert Menschen, die davon gesprochen haben, sich das Leben zu nehmen, haben es achtzig dann auch wirklich getan.

Mögliche Warnzeichen können sein: Jemand spricht sehr häufig über das Thema Freitod. Jemand lässt Bemerkungen fallen, wie: »Es hat alles keinen Sinn. Ich falle jedem zur Last.« Jemand hat plötzlich keine Freude mehr an bis dahin geliebten Gegenständen und gibt sie alle her. Jemand zieht sich von Freunden zurück und hat zu nichts mehr Lust. Jemand hat für alles keine Kraft mehr, ist nur noch erschöpft, kann aber auch nicht mehr schlafen. Wenn jemand auch noch von genauen Plänen spricht, wie er sich das Leben nehmen will, dann ist er in allergrößter Gefahr!

Manche Menschen unternehmen den Versuch, sich das Leben zu nehmen, in der Hoffnung, dabei rechtzeitig entdeckt und gerettet zu werden. Das ist kein schlechter Scherz, sondern ein Hilferuf – damit will jemand ausdrücken: »Ich kann nicht mehr so leben, wie ich zurzeit leben muss, bitte nehmt euch doch endlich meiner an!«

Wer kann Hilfe anbieten?

Menschen, die nicht mehr leben wollen, brauchen jemanden, mit dem sie reden können, der ihnen zuhört, sie ernst nimmt und ihnen hilft, an ihrer Situation etwas zu ändern: die Telefonseelsorge, den Hausarzt, Pfarrer, die Polizei, oder einen guten Freund. Wichtig zu wissen ist auch, dass es Fachärzte und Therapeuten gibt, deren Beruf es ist, lebensmüden Menschen zu helfen, damit sie die Kraft und den Mut zum Leben wieder finden.

Und die, die zurückbleiben?

Wenn man jemanden gekannt hat, der sich das Leben genommen hat, dann bleiben Fragen, Fragen, Fragen. Dann macht man sich Vorwürfe, weil man seine Not nicht wahrhaben wollte oder seine Ankündigungen nicht ernst genommen hat. Vielleicht hätte man ja helfen können, vielleicht wäre Rettung möglich gewesen, wenn man nur mehr mit ihm gesprochen oder besser auf ihn achtgegeben hätte?

Menschen, die so zurückgelassen werden – Angehörige, Freunde –, brauchen Verständnis und Fürsorge. Was sie auf keinen Fall brauchen können, sind Vorwürfe.

Den »Selbstmörder« nicht zu verurteilen, ist das eine. Er hat sich die Freiheit genommen, selbst zu bestimmen, wie lange er als Mensch auf der Erde leben wollte. Verhindern können wir es nicht, dass es immer wieder Menschen gibt, die sich mehr nach dem Tod als nach dem Leben sehnen. Aber wir können dazu beitragen – und das ist das andere –, dass es immer weniger Gründe dafür gibt, warum Menschen es hier auf dieser Welt nicht mehr aushalten.

Was glaubt man in den Weltreligionen vom Tod?

Wir Menschen sind die einzigen Lebewesen, die wissen, dass sie eines Tages sterben werden. Auch Tiere und Pflanzen sterben, aber sie haben kein Bewusstsein vom Tod. Weil wir dieses Bewusstsein haben, beschäftigen uns Fragen wie:

»Wo sind wir hergekommen, ehe wir geboren wurden?«

»Wo gehen wir hin, wenn wir tot sind?«

»Warum müssen wir sterben?«

»Ist von uns dann gar nichts mehr da?«

»Was hat das Leben für einen Sinn?«

und so weiter. Seit mehreren Jahrtausenden suchen die Menschen nach Antworten auf solche Fragen.

In den vielen Religionen, die es auf der Erde gibt, finden sich ganz unterschiedliche Anschauungen über die Welt, das Leben und den Tod. Bei aller Unterschiedlichkeit haben sie etwas gemeinsam: Sie sind sich einig, dass der Tod das Leben nicht beendet, sondern nur verändert. Wir leben, so lehren sie, irgendwie weiter. Nicht mehr hier, und nicht mehr in unserer jetzigen Gestalt, aber wir sind nicht ganz verschwunden.

Die Religionen unterscheiden zwischen einem »Diesseits« und einem »Jenseits«. Im Diesseits findet unser jetziges Leben statt, im Jenseits leben wir nach unserem Tod weiter. Es gibt vielerlei Vorstellungen davon, wie es im Jenseits aussieht und was dort geschieht.

B Bestattung – für welche Form werde ich mich entscheiden

Was ist das eigentlich: eine Leiche?

Eine Leiche, ein Leichnam, ist keine »Person« mehr: kein Mensch mehr, der fühlen und denken, etwas tun oder lassen kann. Ein Leichnam ist aber auch keine »Sache«, die man wie einen kaputten Apparat einfach auf den Müll wirft, obgleich er im deutschen Zivilrecht als »Sache« betrachtet wird. Der Leichnam ist der Körper eines verstorbenen Menschen, der auf der Welt einzigartig war. Deswegen geht man möglichst ehrfürchtig mit einer Leiche um.

Dieser Körper war einmal das »Zuhause« von dem, was wir »Seele« nennen. Der Leichnam ist das, was an einem Menschen sterblich ist. Und darum bekommt er eine letzte Ruhestätte an einem besonderen Ort.

Was geschieht mit den sterblichen Resten eines Verstorbenen?

Die Gestaltung von Friedhöfen trägt überall die Spuren vergangener und gegenwärtiger Kulturen. Aufwändige Grabanlagen oder schlichte Reihengräber sind nicht nur Ausdruck finanzieller Kraft, sondern auch zeitbedingter Interpretation des Todes.

Wurden die Toten in alter Zeit aus hygienischen Gründen außerhalb der Besiedlungen bestattet, legte man die Gräber im Mittelalter um die Kirchen herum an (»Kirchhof«). Der Friedhof – im Sinne von eingefriedeter, umschlossener Raum – wird auch »Gottesacker« genannt, was einen Zusammenhang mit dem Jesuswort herstellt: »Amen, Amen, ich sage euch: Wenn das Weizenkorn nicht in die Erde fällt und stirbt, bleibt es allein. Wenn es aber stirbt, bringt es reiche Frucht. Wer an seinem Leben hängt, verliert es; wer aber sein Leben in dieser Welt gering achtet, wird es bewahren bis ins ewige Leben.« (Joh 12,24–26)

Wenn möglich, errichten Christen kirchliche Friedhöfe, in deren Mitte ein Kreuz steht. Aber auch auf allen anderen Friedhöfen können Christen bestattet werden, da ja jedes Grab gesegnet ist. Von Land zu Land ist die Intensität des Gräberkultes unterschiedlich. Im deutschsprachigen Raum werden die Gräber regelmäßig gepflegt und mit Blumen versorgt. Bei einem Besuch wird in einer Laterne ein Licht entzündet. Man spricht ein stilles Gebet.

Wie lange darf jemand, der daheim verstorben ist, im Haus behalten werden, bevor man ihn vom Bestatter abholen lässt?

Das ist je nach Bundesland unterschiedlich geregelt. Meistens sind 72 Stunden erlaubt, also drei Tage. Häufig wünschen die Angehörigen fast unmittelbar nach dem Verscheiden das Abholen des Toten. Doch für das Abschiednehmen kann es hilfreich sein, eine Zeit bei der/dem Verstorbenen zu verbringen: im Kreise der Familie an seinem Bett zu sitzen, eine Kerze anzuzünden, vielleicht zu beten, zu schweigen oder von ihm zu erzählen.

Früher war es ohnehin üblich, dass der Tote bis zur Bestattung zu Hause blieb. Dort nahmen Verwandte, Freude und Nachbarn im Sterbezimmer Abschied.

Die Frist von drei Tagen muss verkürzt werden, wenn die/der Verstorbene an einer Krankheit litt, die den Verwesungsprozess beschleunigt, oder wenn die klimatischen Bedingungen eine baldige Kühlung erforderlich machen.

Wann muss eine Obduktion stattfinden?

Sind Anhaltspunkte dafür vorhanden, dass jemand eines nicht natürlichen Todes gestorben ist, oder wird die Leiche einer unbekannten Person gefunden, so veranlasst die Staatsanwaltschaft bzw. der Ermittlungsrichter eine so genannte »Leichenöffnung«, um festzustellen, ob ein Fremdverschulden am Tod vorliegt.

Was ist eine ungeklärte Todesursache?

Wenn ein Arzt zu einer Leichenschau gerufen wird, muss er das amtliche Formblatt zur Todesfeststellung ausfüllen. Wenn eine »normale« Todesursache sicher erkannt werden kann, kreuzt er »natürlicher Tod« an. Damit ist die Leiche dann zur Bestattung freigegeben.

Wenn er die Situation nicht einschätzen kann, etwa, weil er den Patienten nicht kannte, nichts über die Vorerkrankungen weiß, oder auch die Möglichkeit besteht, dass eventuell eine »unnatürliche Todesursache« vorliegt – dass der oder die Verstorbene durch einen Unfall oder ein Verbrechen umgekommen sein könnte –, dann muss der Arzt die Polizei einschalten.

Relativ klare Verhältnisse bestehen, wenn der Hausarzt einen Krebskranken im Endstadium über längere Zeit regelmäßig besucht hat. Dann kann ziemlich sicher von einem »natürlichen Tod« ausgegangen werden – nicht jedoch, wenn der Arzt bei der Leichenschau entdecken sollte, dass ungeduldige Erben den Kranken erwürgt haben. Als »ungeklärte Todesursache« gilt auch ein vollzogener Suizid.

Wie wird eine »Leichenschau« vorgenommen?

Der Arzt ist verpflichtet, jede Leiche vollständig zu entkleiden. Dies wird manchmal von den Angehörigen nicht so gerne gesehen, ist aber unbedingt nötig. Schließlich soll später niemand sagen können: »Der gierige Neffe hat die Erbtante vergiftet.« Aus juristischer Sicht ist auch zu überprüfen, ob es sich wirklich um die angegebene Person handelt. Letzteres ist einfach, wenn der langjährige Hausarzt den Verstorbenen gut kannte. Sonst muss der Arzt den Personalausweis anschauen und die Übereinstimmung feststellen.

Warum muss vor einer Feuerbestattung eine »zweite Leichenschau« vorgenommen werden?

In jedem Todesfall muss ein Arzt den Tod offiziell feststellen. Vor einer Einäscherung des Leichnams muss eine zweite Leichenschau – durch einen Arzt der Kreisgesundheitsbehörde – sicherstellen, dass keine Verdachtsmomente für einen unnatürlichen Tod durch die Verbrennung vernichtet werden.

Welche Bestattungsformen gibt es?

In Deutschland besteht eine Bestattungspflicht: Jeder Verstorbene muss beerdigt oder verbrannt werden. Beerdigungen sind nur auf einem Friedhof möglich. Die Asche eines Verstorbenen kann auf einem Friedhof, in einem Friedwald oder im Meer beigesetzt werden. In manchen Bundesländern kann die Asche auch auf einem gesonderten Feld, auf einem Friedhof verstreut werden.

Was sind »Kolumbarien«?

Aufgrund Platzmangels entstanden die Nischenfriedhöfe, das sind Gebäude, in denen die Verstorbenen in Fächern beigesetzt wurden. Ihr Name »Columbarien« kommt vom lateinischen »columba«, »Taube«, und bedeutet etwa »Taubenschlag«. Die Vorläufer der heutigen Columbarien sind zum Beispiel die Katakomben des antiken Rom.

Ist ein anonymes Grab sinnvoll?

»Anonymes« Grab heißt: Grab ohne Namen. Viele Friedhöfe weisen anonyme Grabfelder aus. Dort werden meistens Urnen-, manchmal auch Erdbestattungen vorgenommen, ohne dass die Angehörigen anwesend sind. Sie wissen: Irgendwo innerhalb dieser Rasenfläche wurden die sterblichen Reste des Verstorbenen begraben. Oft bietet ein zentraler Gedenkstein Gelegenheit, Blumen niederzulegen.

Eine genaue Lokalisierung des Begräbnisplatzes wird den Angehörigen nicht mitgeteilt, sie ist nur der Friedhofsverwaltung möglich. Es kommt vor, dass Angehörige dann doch unbedingt wissen wollen, wo sich exakt das Grab des Verstorbenen befindet. Diesem Wunsch kann nicht stattgegeben werden; es ist jedoch eine (kostspielige) Exhumierung und anschließende Bestattung in einem individuellen namentlich zugeordneten Grab durchführbar.

Wer eine anonyme Bestattung wünscht, sollte gut überlegen, warum er diese Form erwägt. Eine Alternative stellen so genannte »Rasengräber« dar. Dabei werden Urnen (mancherorts auch Särge) in einer Rasenfläche bestattet – ohne Grabbegrenzung, aber mit einer eingelassenen Platte, die das Grab namentlich kennzeichnet. Die Erfahrung zeigt: Wo Rasengräber angeboten werden, hat die Nachfrage nach anonymen Bestattungen stark nachgelassen. Gewünscht ist also in der Regel eine Bestattungsform, die den Hinterbliebenen wenig Mühe bei der Grabpflege abverlangt – nicht jedoch, möglichst der Vergessenheit anheimzufallen.

Welche Kosten verursacht eine Bestattung?

Bei einem Begräbnis sind drei Kostengruppen zu unterscheiden: Die einen – städtische Gebühren – haben mit dem Grab zu tun (Grabnutzung, Öffnen und Schließen des Grabes, Kühlraum- und Kapellenbenutzung auf dem Friedhof), die anderen mit der Bestattung (Sarg oder Urne, Überführung); dazu kommen Nebenkosten für Trauerdrucksachen, Blumenschmuck, Musik oder Kaffeetrinken. Das Bestattungsunternehmen kann auf Wunsch alle Leistungen erbringen und zuammen abrechnen (ausgenommen sind die städtischen Gebühren).

Was kostet ein Grab?

Zwar spricht man vom »Kauf« eines Grabes, doch eigentlich erwirbt man nur ein »Nutzungsrecht«, das zwischen 20 und 30 Jahren dauert. Zwei Arten von Gräbern sind zu unterscheiden: Bei einem Wahlgrab kann man die Lage auf dem Friedhof relativ frei bestimmen; außerdem besteht nach Ablauf der »Ruhefrist« die Möglichkeit, diese zu verlängern. Beim »Reihengrab« ist die Grabstelle nicht frei verfügbar, sondern es wird eben das nächste Grab in der Reihe belegt. Ein Wiedererwerb ist meistens nicht möglich. – Die Regelungen weichen aber von Kommune zu Kommune voneinander ab, und in Orten, wo städtische und kirchliche Friedhöfe betrieben werden, kann jeweils unterschiedlich verfahren werden.

Die Kosten für ein Grab sind regional sehr unterschiedlich:

Ein Wahlgrab für die Erdbestattung kostet rund 3.500 Euro, ein Doppelgrab etwa 6.000 Euro.

Ein Wahlgrab für die Urnenbestattung wird mit 2.000 Euro berechnet.

Für ein Reihengrab für die Erdbestattung sind etwa 1.800 Euro zu entrichten, bei einem Urnenreihengrab fallen Kosten um die 900 Euro an.

Was kostet die Feuerbestattung?

Die Kosten für die Kremierung des Leichnams belaufen sich auf rund 1.500 bis 2.000 Euro. Hinzu kommen die Kosten für die Grabnutzung.

Was kostet eine Seebestattung?

Eine Seebestattung ist nur mit der Asche eines Verstorbenen möglich. Zusätzlich zu den Verbrennungskosten entstehen Gebühren für Verschickung und Versenkung der Urne; sie betragen rund 900 Euro. Wenn die Angehörigen an der Versenkung teilnehmen möchten, entstehen zusätzliche Kosten.

Was kostet die Bestattung?

Jeder Verstorbene ist in einem Sarg zu beerdigen oder zu verbrennen (Ausnahmen sind für muslimische Gläubige auf Antrag möglich). Ein einfacher Sarg ist für etwa 500 Euro zu haben; edle Ausführungen können das Zehnfache kosten.

Zusätzliche Kosten entstehen für alle Dienstleistungen: Überführung, Einsargung, Todesanzeige, Sargträger, Orgelspieler, Trauerredner. Diese Kosten summieren sich auf rund 800 Euro.

Wird bei einer Verbrennung wirklich alles verbrannt?

Die Krematorien arbeiten mit einer Hitze von über 1.000 Grad Celsius. Diese hohe Temperatur gewährleistet, dass der Leichnam vollständig verbrennt. Dicke Knochen, wie Teile des Schädels, der Oberschenkel und des Beckens, können noch am Stück bleiben. Nach der Verbrennung kommt die Asche in eine Mühle und wird feinkörnig gemahlen. Zuvor werden etwaige Fremdkörper wie Herzschrittmacher, Prothesen oder künstliche Gelenke entfernt.

Stimmt es, dass sich der Leichnam bei der Einäscherung noch einmal aufrichtet?

Nein, das stimmt nicht. Dieses Gerücht hält sich zwar hartnäckig, doch der Leichnam bleibt beim Einäscherungsvorgang liegen.

Befindet sich wirklich die Asche meines Verstorbenen in der Urne?

Ja, jeder Leichnam kommt einzeln in die Verbrennungskammer. Die Asche wird nicht mit der anderer Toter vermischt. Jeder Verstorbene bekommt vor dem Verbrennungsprozess eine Keramikscheibe in den Sarg gelegt, auf der sich eine Registriernummer befindet. So lässt sich auch nach der Kremierung die Asche anhand der Nummer zweifelsfrei zuordnen. Die Asche wird dann in einen Blechbehälter gefüllt, die Aschenkapsel. Sie wird verschlossen und mit dem Namen des Verstorbenen versehen. Die Aschenkapsel kommt dann in die so genannte Überurne, die die Hinterbliebenen beim Bestatter ausgewählt haben.

Warum wird eine Leiche gewaschen? Und wer übernimmt das?

Das ist ein Akt der Pietät – die/der Verstorbene soll »sauber und rein« seine letzte Reise antreten. Dieser Brauch wurde früher selbstverständlich von den Angehörigen ausgeführt. Natürlich können sie das heute immer noch tun.

Wer nicht selbst den Leichnam waschen möchte, kann das Bestattungsinstitut damit beauftragen. Manchmal wird ein Toter auch im Krankenhaus oder Hospiz gewaschen.

In manchen Kulturen ist streng geregelt, wer den Leichnam berühren darf. Im traditionellen Judentum gilt eine Leiche als unrein; dort kümmern sich spezielle Beerdigungsbruderschaften um alle Handlungen rund um die Bestattung, auch um die Waschung. Im Islam sind mehrmalige Waschungen eine religiöse Pflicht. Diese Waschungen dürfen nur von Personen des gleichen Geschlechts wie die/der Verstorbene vorgenommen werden, und auf keinen Fall von Nicht-Muslimen.

Tücher und Lappen, die zur Waschung verwendet werden, entsorgt man anschließend. Sie werden nicht wieder verwendet.

Wie darf/soll der Verstorbene gekleidet sein, wenn er in den Sarg gelegt wird?

Grundsätzlich gibt es zwei Möglichkeiten: die Angehörigen erwerben beim Bestatter aus einem reichhaltigen Angebot ein »Totenhemd«, oder der Verstorbene wird in seiner eigenen Kleidung bestattet. Diese muss jedoch aus natürlichen Stoffen bestehen (Baumwolle oder Wolle), synthetische Fasern zersetzen sich nicht.

Verstorbene können Kleidung tragen, die ihnen zu Lebzeiten wichtig waren: das Lieblingskleid oder der feine Anzug können das sein, aber auch legere Kleidung, in der sich die Verstorbenen einst wohl fühlten.

Einen Leichnam unbekleidet zu bestatten, widerstrebt dem Schamgefühl vieler Menschen. Die Vorstellung, der Tote liege nackt im Sarg, verursacht Unbehagen.

Darf der Leichnam auch für eine Feuerbestattung in eigene Kleidung gehüllt werden?

Grundsätzlich ja, doch muss sich die Kleidung schadstoffarm verbrennen lassen, also aus natürlichen Materialien bestehen.

Was geschieht mit einem Leichnam im Grab?

»Tod« bedeutet biologisch, dass sich die Zellen eines Organismus nicht mehr erneuern. Von da an beginnt der Prozess der Verwesung, der durch Kühlung verlangsamt wird. Im Grab wird dann der Leichnam zersetzt durch Mikroorganismen – Bakterien und Pilze, die jeder Mensch im eigenen Körper mit sich trägt –, also nicht durch Würmer, die von außen kommen.

Der Verwesungsprozess benötigt Sauerstoff, um voranschreiten zu können. Unter ungünstigen Bedingungen – in lehmigem Boden, in Wasser, bei Kälte oder in luftdichten Särgen – kann er ganz zum Erliegen kommen. Dann erstarrt das Körperfett zu einem Material, das »Lipid« genannt wird; aus dem Toten wird eine »Wachsleiche«.

Im Idealfall kann eine Verwesung nach rund 2 Jahren erfolgt sein, auf manchen Friedhöfen sind jedoch 20 Jahre nötig.

Sollte ich den Verstorbenen vor der Bestattung noch einmal anschauen?

Einen Verstorbenen noch einmal anzuschauen, kann heilsam sein. Alle irrationalen, aber durchaus verständlichen Phantasien, ob es wirklich der »richtige Tote« ist, werden damit aus dem Weg geräumt. Auch der Anblick des Todes an sich kann versöhnen – den Leichnam braucht man nicht zu bewahren, er darf bestattet werden.

Eine letzte Berührung, ein letzter Kuss, ein letzter Blick – vielen Angehörigen hilft dieses Abschiednehmen. Die Sorge indes, dieser letzte Anblick würde alle anderen Erinnerungen überlagern, scheint unbegründet. Man behält den Verstorbenen in Erinnerung, »wie man ihn gekannt hat« und nicht, wie man ihn tot sah.

Man kann niemanden dazu zwingen, einen Toten anzuschauen, jedoch ihn dazu ermuntern. Meist ist der Anblick weniger schlimm als erwartet.

Was geschieht mit einer Leiche, die entstellt ist, z. B. durch einen Unfall?

Das hängt davon ab, ob die Angehörigen die/den Verstorbenen noch einmal ansehen wollen, obwohl der Leichnam durch schwere Krankheit, Unfall oder Suizid entstellt ist. Wenn nicht, verdeckt der geschlossene Sarg den Anblick.

Wünschen die Hinterbliebenen jedoch in einem solchen Fall noch einen letzten Blick auf den Toten zu werfen, sollte die so genannte »Leichenkosmetik« angewandt werden. Die Fachleute dafür heißen »Thanatopraktiker«. Ihre Aufgabe ist vergleichbar mit der Berufsgruppe der Maskenbildner oder Kosmetiker. Sie verstehen sich darauf, die Leiche so herzurichten, dass man sie ohne Schrecken noch einmal anschauen kann.

Was darf man einem Verstorbenen mit in den Sarg bzw. mit ins Grab geben?

Es soll nicht pietätlos klingen – aber eine Beerdigung darf die Umwelt nicht belasten. Der Leichnam verwest, ebenso das Holz des Sarges. Es dürfen also nur solche Dinge dazugegeben werden, die sich ebenfalls im

Laufe der Jahre zersetzen: Blumen, Papier – etwa ein Brief oder ein gemaltes Bild –, korrosionsfähiges Metall, bei Katholiken gehört ein Rosenkranz aus Holz zum Brauch. Nicht erlaubt sind Gegenstände aus unverrottbarem Material wie Plastik.

Wie funktioniert eine Seebestattung?

Für eine Seebestattung wird der Leichnam des Verstorbenen kremiert und die Asche in eine spezielle, wasserlösliche Urne gefüllt. Diese Urne wird dann je nach Wunsch in die Fluten der Nord- oder Ostsee oder des Atlantik gegeben.

Vorher kann im Heimatort eine Trauerfeier stattfinden, entweder noch mit dem Sarg oder bereits mit der Urne. An der eigentlichen Seebestattung von einem Schiff aus können die Angehörigen teilnehmen. In der Regel werden bei einer Ausfahrt aufs Meer mehrere Urnen versenkt. Es besteht die Möglichkeit, Blumen ins Wasser zu werfen. Diese Teilnahme kann eine eindrückliche Erfahrung sein, bringt aber Kosten für die Anreise mit sich. Wer nicht mitfährt, erhält über die vollzogene Seebestattung anschließend vom Kapitän eine Urkunde.

Welche Vorschriften existieren in den Weltreligionen zur Bestattung?

Ein Toter muss bestattet werden. Wie das geschieht, ist davon abhängig, welcher Religionsgemeinschaft er angehört hat, in welchem Land und Kulturkreis er gelebt hat, und welche gesellschaftliche Stellung er eingenommen hat.

In manchen Religionen ist die Einhaltung bestimmter Bestattungsriten die Voraussetzung dafür, dass der Verstorbene im Jenseits überhaupt das Heil erlangen kann. Darum werden selbst Gegner und Fremde bestattet. Umgekehrt gilt es als Strafe, wenn man jemandem die angemessene Bestattung verweigert. Manchmal ist sie nicht möglich, weil der Leichnam nicht auffindbar ist oder bei einem Unglück zerstört wurde, zum Beispiel bei einer Explosion.

Bereits vor etwa 40.000 Jahren hat man Tote in Höhlen oder unter Felsvorsprüngen bestattet, möglicherweise schon viel früher. Die wahrscheinlich älteste Form der Bestattung ist die Erdbestattung (Beerdigung). Man begrub die Toten in liegender oder sitzender Stellung. Schon seit der Steinzeit gab man den Toten Blumen und Blätter mit ins Grab, manchmal auch Waffen, Schmuck, Gebrauchsgegenstände, ihren Hund oder ihr Pferd.

Weit verbreitet und möglicherweise etwa genauso alt wie die Erdbestattung ist die Verbrennung der Toten. Nach dem Verbrennen werden die Überreste entweder der Natur übergeben oder beerdigt. Je nach Kultur- und Religionszugehörigkeit wird die Verbrennung als religiöses Gebot oder als Schande betrachtet. In manchen Religionen glaubt man, dass die Seele des Toten ohne Verbrennung nicht aus dem Körper entweichen könne und ein Schattendasein führen müsse. Bei Hindus und Buddhisten ist deshalb die Verbrennung die übliche Methode der Bestattung.

Bei den Christen galt die Verbrennung früher als Schande und Strafe. Nur Verbrecher und Menschen, die man für Hexen und Ketzer hielt, wurden verbrannt, um ihnen die Auferstehung des Leibes zu erschweren. Heute lassen sich auch viele Christen einäschern, seit die Kirchen die Feuerbestattung nicht mehr ablehnen; allerdings soll die Erdbestattung bevorzugt werden.

Orthodoxe Juden und Muslime verbieten die Einäscherung. Muslime benutzen traditionell keine Särge, sondern bestatten ihre Toten in weißen Leichentüchern und legen sie so in die Erde, dass sie in Richtung Mekka schauen.

C Abschied nehmen – was muss ich zur Trauerfeier wissen

Muss man überhaupt eine Trauerfeier veranstalten? Es kann doch jeder für sich im Stillen Abschied nehmen?

»Trauerfeier« – ist dieser Begriff nicht ein Widerspruch in sich? Die Trauer mag zunächst ausgehalten und irgendwann bewältigt werden, doch kann man sie feiern? Wenn ein Mensch gestorben ist, trauern jene um ihn, die ihn liebten, doch jeder auf seine Weise. Der Ehepartner trauert anders als die Kinder oder die Eltern, die Freunde trauern anders als Bekannte oder Kollegen. Der eine trauert heftig, der andere in sich gekehrt. Der eine muss sprechen, der andere schweigt. Der eine sucht die Einsamkeit, der andere Gemeinschaft. Die Trauerfeier aber führt alle zusammen. Die Trauerfeier ist der öffentliche Akt der Verabschiedung eines Verstorbenen. Doch mit der Trauer geht jeder Einzelne seinen eigenen Weg; einen Weg übrigens, der keine Abkürzung kennt.

Der Tod eines Menschen führt seine Angehörigen in eine Krise. Die Trauerfeier ist ein Akt der Krisenbewältigung. In der Trauerfeier wird der Tod eines Menschen öffentlich gemacht, der Verstorbene gewürdigt, der Tote symbolisch aus der Welt der Lebenden in die Welt der Toten überführt, Trost für die Zurückbleibenden gespendet, im Angesicht des Todes an die Sterblichkeit aller Menschen erinnert und die Gemeinschaft der Lebenden gestärkt.

In der Trauerfeier steht der Tote im Mittelpunkt, also jemand, der eigentlich »nicht mehr da« ist. Es gibt so etwas wie eine »Präsenz durch Abwesenheit«. Der Abwesende führt jene zusammen, die in seinem Leben von Bedeutung waren. Die Trauer feiern, heißt: sie wird nicht verdrängt, sondern festlich begangen. Die Trauer hat ihren Platz im Leben, auch wenn im religiösen Bereich die Hoffnung auf Auferstehung bekundet wird.

Die Trauerfeier ist letztlich eine Veranstaltung für die Hinterbliebenen, nicht für den Toten. Den Lebenden tut es gut, wenn der Verstorbene geehrt wird, wenn die Rede tröstet, die Musik erbaut und die Handlungen glatt und reibungslos verlaufen – der Tote hat nichts davon. Die Trauerfeier richtet sich an die Lebenden. Doch sie sollen während dieser intensiven Stunde weder therapiert noch mit Glaubenswahrheiten bepredigt werden. Sie sollen vielmehr ernst genommen werden in ihrer Situation, die möglicherweise nicht mehr zulässt als ein gemeinsames Aushalten. Bei schrecklichen Todesfällen, die wir als »unnatürlich« empfinden, ist die Trauerfeier nicht die Stunde des Verstehens und Begreifens, sondern allein des gemeinsamen Abschieds. Den individuellen Abschied gestaltet jeder für sich.

Wenn der Verstorbene geliebt wurde, ist dieses Abschiednehmen zwar schmerzhaft, aber letztlich leichter, da das Band der Liebe Lebende und Tote noch verbindet. Die schönen Erinnerungen bleiben. Wurde der Verstorbene jedoch nicht geliebt und die Trauerfeier wird nur angesetzt, um der Pietät Genüge zu tun, stellen sich schwierige Probleme. Der Friedhof eignet sich nicht für Abrechnungen; allerdings macht Heuchelei die Situation für alle Beteiligten nicht leichter. Die Trauer kann man nicht nur feiern, man muss es tun, damit ihre Macht gebändigt werden kann.

Wann soll das Begräbnis stattfinden?

Die staatlichen Bestattungsgesetze sehen in der Regel vor, dass eine Beerdigung des Verstorbenen innerhalb von acht Tagen nach dem Eintritt des Todes stattfinden soll. Der Zeitpunkt sollte so gewählt werden, dass jene, die schriftlich über den Tod benachrichtigt werden, auch die Gelegenheit haben, an der Feier teilzunehmen. Der Termin für das kirchliche Begräbnis muss zwischen den Angehörigen, dem Bestatter und dem Pfarrbüro der Kirchengemeinde abgesprochen werden. Dabei ist zu bedenken, dass viele Geistliche montags ihren freien Tag haben. Bei einer Einäscherung muss manchmal mit Wartezeiten gerechnet werden. Einen Termin für die Beisetzung kann man erst festsetzen, wenn die Urne aus dem Krematorium gekommen ist.

Wo findet die Trauerfeier statt?

Schauplatz der Trauerfeier an Sarg oder Urne ist in der Regel die Friedhofskapelle, kann aber auch eine Kirche sein, das offene Grab, oder bei einer Friedwaldbeisetzung eine Stelle im Wald. Eine Trauerfeier ist auch ohne Sarg oder Urne denkbar, wenn die Beisetzung bereits stattgefunden hat oder an einem anderen Ort stattfindet. Schließlich gibt es auch Todesfälle, bei denen keine sterblichen Überreste des Verstorbenen geborgen werden konnten. Eine solche Feier kann prinzipiell überall stattfinden: in einem Wohnzimmer, im Garten, in einer Schulaula, auf einem Platz ...

Der Ort der Trauerfeier kann gestaltet werden. Die Beleuchtung im Raum darf nicht grell sein. Traditionell schmücken Blumen und Kerzen den Ort der Trauerfeier. Die Blumen organisiert in der Regel der Bestatter im Auftrag der Hinterbliebenen. Die Kerzen stehen entweder in der Friedhofskapelle zur Verfügung, oder müssen vom Bestatter mitgebracht werden. Bei öffentlichen Gebäuden (z. B. Schulaula) sind feuerschutzrechtliche Bestimmungen zu beachten. Sarg oder Urne können beispielsweise mit Teelichtern umstellt oder mit Rosenblättern verziert werden. Räucherstäbchen oder Duftöllampen verbreiten ein starkes Aroma, können aber gesundheitliche Beschwerden verursachen (Atemnot, Kopfschmerzen, Übelkeit); daher zurückhaltend dosieren. Ein großes Foto des Verstorbenen im Rahmen kann neben Sarg oder Urne aufgestellt werden. Möglich sind auch Symbole aus dem Leben des Verstorbenen: ein Sportgerät, ein Musikinstrument, ein selbst geschaffenes Kunstwerk ... Kinder (Enkel) können ein Bild malen, das aufgestellt wird. Bei verstorbenen Soldaten kann eine Fahne über dem Sarg liegen, die vor der Beisetzung abgenommen wird. Bei Trägern von Orden und Ehrenzeichen können diese ausgestellt werden.

Bei der Trauerfeier direkt am Grab sind Stühle für jene Personen bereitzuhalten, die schlecht stehen können. Im privaten Raum dafür sorgen, dass keine Störung von außen eintritt, wie z. B. Haustürklingel oder Telefon.

Die kirchlichen Liturgien folgen einem vorgeschriebenen Ablauf; dieser kann den Beteiligten in seiner Bekanntheit und Verlässlichkeit Halt bieten. Außerdem sichert er die Einheit der Kirche. Durch die Entfremdung vieler Kirchenmitglieder scheint es jedoch angebracht zu sein, das offizielle Ritual der speziellen Trauergemeinde anzupassen, d.h. also eventuell zu vereinfachen, zu kürzen und sprachliche Barrieren zu umgehen.

Alle anderen Trauerfeiern sind frei gestaltbar, jedoch hat es sich als hilfreich erwiesen, im Ablauf bestimmte inhaltliche Schritte einzuhalten.

Ankommen: Der Sarg oder die Urne steht an seinem/ihrem Platz in der Friedhofskapelle. Die Trauernden nehmen Platz. Es kann leise Musik gespielt werden.

Musik: Die Einstimmung durch Musik lässt die Trauergemeinde in der Anspannung der Situation zur Ruhe kommen. Zum Ende der Musik geht der Leiter vor, verneigt sich vor Sarg oder Urne und wendet sich der Trauergemeinde zu.

Vergegenwärtigung: Der Tod in unserer Mitte. Mit dem Tod konfrontiert zu sein, ist nicht alltäglich. Die Trauergemeinde ist aufnahmebereit für den Ernst der Stunde. Ein Text aus der Bibel, aus Weisheitsschriften oder der Literatur kann einführen.

Begrüßung: Der Leiter heißt die Trauergemeinde willkommen: zunächst die Angehörigen in der Reihenfolge der Nähe zum Verstorbenen, dann eventuell anwesende Honoratioren, dann Freunde, Kollegen, Nachbarn.

Klage über den Verlust des Verstorbenen: Der Name des Toten wird genannt, sein Sterbetag und vielleicht die Todesursache. Nicht irgendein Tod ist zu betrauern, sondern ein ganz bestimmter, der mit den Trauernden etwas zu tun hat.

Würdigung des Verstorbenen: Die Trauerrede ehrt die Lebensleistung des Verstorbenen, nennt Geburtstag und -ort, schulischen und beruflichen Werdegang, die familiären Verhältnisse (Ehe, Kinder, Enkel), Hobbys, Neigungen, Charaktereigenschaften.

Nachruf: Hier können auch andere zu Wort kommen, die über den Verstorbenen Gutes sagen möchten: Familienangehörige, Kollegen, Vereinskameraden. Sie werden vom Leiter der Trauerfeier anmoderiert.

Schweigen: Stilles Gedenken an den Verstorbenen. Der Leiter führt in dieses Schweigen mit geeigneten Worten ein.

Musik: Die Trauernden können ihren Gedanken nachhängen und das bisher Gehörte bedenken.

Blick ins Leben: Ohne den Schmerz des Verlustes geringer machen zu wollen, gibt es Trost für die Zurückbleibenden. Sie werden ermutigt, mit dem Verlust leben zu lernen.

Verabschiedung: Die Feier ist nur ein Schritt auf dem Weg der Bewältigung der Trauer, aber ein entscheidender. Die Zurückbleibenden werden aufgefordert, den Verstorbenen loszulassen. Das ist freilich ein Prozess, der viel länger dauert.

Ehrung: Zum Ende der Feier fordert der Leiter die Trauergemeinde auf, sich für den Verstorben zu erheben (egal ob Erd- oder andere Bestattung).

Musik: Zum Abschluss der Feier erklingt noch einmal Musik, während der Trauerzug sich formiert.

Prozession zum Grab: Wird der Sarg oder die Urne im Rahmen der Trauerfeier beigesetzt, sieht die Reihenfolge des Trauerzugs folgendermaßen aus: der Bestatter oder ein Friedhofsangestellter geht voran, es folgen der Leiter, die Träger mit Sarg oder Urne, die nächsten Angehörigen, die Trauergemeinde.

Beisetzung: Am Grab angelangt, wird der Sarg oder die Urne abgelassen. Wenn möglich, wird damit gewartet, bis alle Trauernden am Grab angekommen sind.

Ankündigung der Sterblichkeit: Der Leiter mahnt, die Endlichkeit des Lebens nicht aus den Augen zu verlieren; im Angesicht des Todes relativiert sich doch einiges, was im Alltag so wichtig erscheint.

Vaterunser: Wenn gewünscht, wird an dieser Stelle jenes Gebet gesprochen, das den größten Bekanntheitsgrad hat. Der Leiter lädt ein, es mitzubeten, und spricht laut vor.

Schlusswort: Ein Segen für die Zurückbleibenden bzw. ein hoffnungsvolles Dichterwort schließt die Feier ab und entlässt die Trauergemeinde zurück in den Bereich des Lebens.

Erdwurf: Der Leiter gibt eine Schaufel Sand ins Grab, als Symbol für die Vergänglichkeit des Lebens und ein zeichenhaftes Schließen des Grabes. Die Toten sind unter der Erde, die Lebenden darauf. Nun beginnt ein neuer Lebensabschnitt. Anschließend tritt die Trauergemeinde ans Grab und wirft Erde, Blumen oder Zweige hinein.

Beileidsbekundung: Die Trauergemeinde kondoliert den nahen Angehörigen. Manchen ist das unangenehm, und sie bitten, davon Abstand zu nehmen. Doch dieses Beileidsbekundung gibt jenen, die den Verstorbenen kannten, aber nicht zur Familie gehörten, die Gelegenheit, ihrer Trauer Ausdruck zu verleihen. Natürlich steht es den Angehörigen frei, nicht neben dem Grab stehen zu bleiben; dadurch signalisieren sie, dass sie keine Hände schütteln wollen.

WELCHE FORMEN DER TRAUERFEIER GIBT ES?

Je nach Bestattungsart, Ort der Trauerfeier und lokalem Brauch sind verschiedene Formen möglich.

Die traditionelle Form: An eine Trauerfeier in der Friedhofskapelle oder Kirche schließt sich ein Zug zum Grab an; dort wird der Sarg oder die Urne bestattet. Möglich ist auch eine Trauerfeier direkt am Grab, dann entfällt die Prozession. Abzuklären ist, an welcher Stelle im Ablauf Sarg oder Urne beigesetzt werden. Mancherorts wird diese Reihenfolge umgekehrt: An die Beisetzung auf dem Friedhof schließt sich die Trauerfeier in der Kapelle oder Kirche an.

Katholische Exequien bestehen in der Regel aus drei Stationen: Heilige Messe in der Kirche, kleine Trauerfeier in der Friedhofskapelle, Beisetzung am Grab. Auch diese Reihenfolge kann umgestellt werden, beispielsweise kann die Messe am Abend oder an einem anderen Tag stattfinden.

Soll der Leichnam kremiert werden, findet häufig zuvor eine Trauerfeier mit dem Sarg statt. Bei dieser Form kann die Trauergemeinde eingeladen werden, am Ende der Feier zum Sarg vorzutreten und dort Abschied zu nehmen, beispielsweise durch eine Verneigung, Auflegen einer Blume oder Aufstellen eines Teelichts. Bei der Trauerfeier vor einer Kremierung kann der Sarg in einer kurzen Prozession zum Leichenwagen gebracht werden, der vor der Kapelle bereitsteht. Unter den Augen der Trauergemeinde fährt der Wagen dann mit dem Sarg davon. Bei einer Feier direkt im Krematorium wird mancherorts der Sarg zum Schluss vor den Augen der Trauernden zur Kremierung versenkt.

Die Urnenbeisetzung erfolgt einige Zeit nach der Einäscherung, in einem Erdgrab, einer Gruft, oder, sofern auf dem Friedhof vorhanden, oberirdisch in einem Kolumbarium, einer Urnengalerie. Jede Urne wird darin in einem Wandfach aufgestellt, das durch eine individuelle Grabplatte verschlossen wird (abhängig von der örtlichen Friedhofsordnung).

Bei einer Bestattung der Urne im Friedwald kann die Trauerfeier auch vor Ort stattfinden. Zu bedenken ist neben der Witterung, dass dort keine Möglichkeit zum Niedersetzen vorhanden ist und die ganze Zeit gestanden werden muss.

Eine Seebestattung findet mit oder ohne Angehörige statt. Vor der Versenkung der Urne außerhalb der Dreimeilenzone kann ein Grußwort gesprochen werden, Blumen und Kränze können dabei den Fluten übergeben werden. Auf besonderen Wunsch wird die Urne nicht mit dem Schiff, sondern per Hubschrauber zum Versenken aufs Meer gebracht; auch daran können Angehörige teilnehmen; eine Feier an Bord dürfte unter diesen Umständen jedoch schwierig sein.

In manchen Bundesländern oder auch einigen Staaten des europäischen Auslands ist es möglich, die Asche Verstorbener von Hand auf einem Streufeld oder durch einen Heißluftballon über Wald und Wiesen zu verstreuen. Diese spezielle Form der Beisetzung ist, wie auch alle anderen, nach deutschem Recht zu dokumentieren.

Besondere Voraussetzungen gelten für verstorbene Angehörige nichtchristlicher Religionsgemeinschaften. Wenn ein Jude, Muslim, Hindu, Buddhist oder Sikh zu bestatten ist, sind die dafür notwendigen Bedingungen (Personen, Räume, Zeiten etc.) abzuklären. So ist der Leichnam eines Muslims rituellen Waschungen zu unterziehen, für die nicht jeder Friedhof die notwendigen Vorrichtungen besitzt.

Bei einer Trauerfeier ohne Sarg oder Urne – gleich, in welchem Raum – können die Angehörigen Zeichen wie eine Blume oder Kerze auch an einem Bild des Verstorbenen ablegen.

Wer wird bei einer Trauerfeier aktiv?

Zwar liegt die Hauptlast einer gelungenen Trauerfeier bei den »Profis«, die sich um den Ablauf kümmern, reden oder musizieren, und doch steht die Trauergemeinde im Mittelpunkt. Sie nimmt Abschied von einem Verstorbenen. Die Feier muss auf die Angehörigen »zugeschnitten« sein. Durch Singen, Beten, das Setzen von Zeichen (etwa, indem Blumen ins Grab gegeben werden), vielleicht durch ein Grußwort oder Musizieren gestaltet die Trauergemeinde die Feier mit.

Wichtig sind die Friedhofsangestellten. Unterschiedlich regeln die Kommunen, ob die Friedhöfe mit Wärtern besetzt sind. Wenn ja, sind sie für den äußeren Rahmen der Trauerfeier zuständig: Aufsperren von Kapelle, Umkleideraum und Toiletten, Einschalten von Licht, Heizung und Lautsprecheranlage, Glockengeläut. Der Friedhofsangestellte geht bei der Prozession zum Grab voraus und weist dem Trauerzug den Weg.

Beim Bestatter laufen alle Fäden zusammen. In Absprache mit den Angehörigen, der Verwaltung, dem Leiter der Feier und den Musikern setzt er den Termin für die Trauerfeier fest. Gibt es auf dem Friedhof keinen Wärter, fallen dessen Aufgaben dem Bestatter zu. Außerdem schmückt er die Trauerhalle und den Sarg bzw. die Urne mit Blumen und Kerzen und weist den Leiter zum Umkleideraum.

Der Bestatter begrüßt die ankommenden Trauergäste. Mitgebrachte Gestecke oder Kränze arrangiert er vor dem Sarg oder der Urne. Auch nimmt er Beileidsbriefe entgegen und bewahrt sie für die Angehörigen auf. Er kann die Trauergäste bitten, sich in ein Kondolenzbuch einzutragen.

Der Bestatter schließt zu Beginn der Trauerfeier die Türen der Kapelle und öffnet sie zum Ende wieder. Bei Bedarf bedient er den CD-Player. Den Trägern gibt er Anweisungen, wann es Zeit ist, Sarg oder Urne zu geleiten, und überwacht eine reibungslose Beisetzung. Er reicht dem Leiter die Schaufel für den Erdwurf und bietet den Angehörigen Blumen, Zweige oder Erde dar, um sie ins Grab zu geben.

Der Bestatter kümmert sich auch darum, dass Redner, Musiker, Träger nach der Beisetzung ihr Honorar erhalten. In der Regel streckt er es vor und setzt es den Angehörigen auf die Rechnung. Die Übergabe erfolgt auf dem Friedhof diskret in bar, gegen Quittung.

Der eigentliche Leiter der Trauerfeier ist ein Geistlicher oder ein Trauerredner. Nach einem Vorgespräch mit den Angehörigen hat der Leiter eine Trauerrede vorbereitet. Er ist auch bei der Auswahl der Musik behilflich. Während der Trauerfeier fungiert er als Zeremonienmeister. Er bestimmt den Beginn und das Ende der Feier, signalisiert der Trauergemeinde, wann sie zu stehen oder zu sitzen hat, moderiert andere Sprecher an, gibt Anweisungen für die Musik und stimmt eventuell die Gebete an. Bei der Prozession geht er dem Sarg oder der Urne voraus und stellt sich neben das offene Grab. Er vollzieht den Erdwurf.

Wenn Angehörige, Kollegen, Vereinskameraden Grußworte oder Nachrufe sprechen wollen, sollten sie sich vor Beginn der Feier mit dem Leiter abstimmen; er wird sie anmoderieren. Eine solche Rede sollte drei Minuten nicht überschreiten. Sie sollte ihren Platz innerhalb der Feier haben, nicht nur als bloßes Anhängsel, wenn der offizielle Teil vorbei ist.

Ob Organist, Ensemble oder Solist, vor Beginn der Feier sprechen die Musiker mit dem Leiter ihren Einsatz ab. Entweder orientieren sie sich an Marken, z. B. »nach dem Vaterunser«, »nach dem Schweigen«, oder der Leiter gibt eindeutige Zeichen oder spricht eine Ansage: »Nun singen/hören wir ...«. Ein schriftlicher Ablaufplan der Trauerfeier ist sinnvoll.

Unterschiedlich wird gehandhabt, wer Sarg oder Urne zum Grab bringt. Es können kommunale Angestellte oder Honorarkräfte sein, die der Bestatter organisiert. Selbstverständlich können – nach einer gewissen Einweisung – auch die Angehörigen Sarg oder

Urne zum Grab geleiten. Dieses »Hand anlegen« kann für die Bewältigung des Verlusts guttun. Besteht die Gefahr, dass das Absenken Schwierigkeiten mit sich bringt, kann am Grab der Sarg oder die Urne wieder in die Hände der »Profis« übergehen.

Die Hauptperson während der Trauerfeier aber ist eigentlich keine »Person« mehr. Um einen Toten versammeln sich die Lebenden, um einen, der ihnen wichtig war und in Erinnerung bleiben wird. Der Verstorbene profitiert nicht mehr von einer schön gestalteten Trauerfeier, zu der alle Akteure das Beste beitragen. Aber der Umgang einer Gesellschaft mit ihren Toten zeigt, wie sie zum Wesen des Menschen eingestellt ist. Ein achtungsvoller Umgang mit dem Tod ist ein Gradmesser der Kultur.

Worum geht es beim Trauergespräch?

Zur Vorbereitung der Beerdigung (Gottesdienst oder Trauerfeier) treffen sich der Leiter der Trauerfeier und die Angehörigen des Verstorbenen zu einem Gespräch. Der Leiter notiert sich dabei für seine Rede wissenswerte Informationen und erklärt den Ablauf der Feier. Vor allem wird er ein Zuhörer sein. Für die Angehörigen ist es wichtig, von ihrem Verstorbenen sprechen zu können. Der Leiter fordert sie zu Beginn des Gesprächs auf, von den Umständen des Todesfalles zu erzählen.

Im Vorgespräch werden möglicherweise auch »Tabus« zu Wort kommen (geschiedene Ehen, Streit in der Familie). Der Leiter unterliegt der Schweigepflicht und geht mit allem, was ihm anvertraut wurde, sorgsam um.

Das Vorgespräch findet nicht am Todestag selbst und auch nicht am Tag der Trauerfeier statt. Dazu besucht der Leiter die Angehörigen zu Hause; in Ausnahmefällen muss vielleicht ein Telefongespräch genügen. Der Leiter notiert Daten und Fakten: Herkunftsfamilie des Verstorbenen, Geburtstag und -ort, Schul- und Ausbildung, besondere Umstände (z. B. Krieg, Flucht, Vertreibung, Behinderung), Partner; Hochzeit mit Jahr, Ehejubiläen, Kinder (Namen und Geburtsjahr), Enkel, Berufstätigkeiten, Auszeichnungen, persönliche Neigungen, Hobbys, hervorstechende Charaktereigenschaften, das Sterben (Datum, Ort, Umstände).

Vielleicht verfassen die Angehörigen einen Lebenslauf. Den kann der Leiter während des Vorgesprächs laut lesen, um sich Klarheit zu verschaffen oder Nachfragen zu stellen. Was soll unbedingt und was auf gar keinen Fall erwähnt werden? Wer ist zur Trauerfeier eingeladen, nur der enge Familienkreis, oder auch

Freunde, Nachbarn, Kollegen, die ganze Gemeinde? Kommen Kinder zur Trauerfeier? Was ist dafür zu beachten? Welche Art von Trauerfeier wird stattfinden? In der Kirche oder in der Friedhofskapelle, in einem Abschiedsraum des Bestattungsinstitutes oder direkt am Grab? Der Leiter erklärt den Angehörigen den Ablauf der Feier. Sarg- oder Urnenbestattung? Bei der letzteren macht der Leiter auf deren Besonderheit aufmerksam. Eine Urne vermittelt nur eine abstrakte Beziehung zum Verstorbenen. Werden bei einer nichtkirchlichen Trauerfeier religiöse Elemente (Vaterunser, Gebet, Bibelvers) gewünscht? Möchten sich die Angehörigen an der Gestaltung der Feier beteiligen? Einen Text vortragen, musizieren, etwas aufführen (z. B. Tanz, Pantomime), den Sarg oder die Urne zum Grab tragen? Spricht jemand aus der Trauergemeinde (Arbeitgeber, Vereinsmitglied) einen Nachruf oder ein Grußwort? Welche Art von Musik soll gespielt werden? Wer wählt sie aus? Wer spielt sie (Musiker oder Tonträger)? Wer kümmert sich um die Organisation? Wenn am Vorgespräch mehrere Angehörige teilnehmen, kann es bei manchen Entscheidungen zu Unstimmigkeiten kommen. Der Leiter hält sich aus diesen Konflikten heraus. Zu bestimmen hat der nächste Angehörige. Das Vorgespräch dauert etwa eine Stunde.

Wer leitet die Trauerfeier?

An der Gestaltung der Trauerfeier sind viele beteiligt: die Trauergemeinde selbst, vielleicht auch Musiker, oder jemand, der etwas vorträgt. Immer wird der Bestatter dabei sein, manchmal auch Friedhofsangestellte. Aber nur eine Person hält die Fäden in der Hand und bestimmt den Ablauf: die Leiterin oder der Leiter der Trauerfeier. Das kann ein kirchlicher Amtsträger sein (Pfarrer, Vikar, Diakon, Beauftragter), ein Trauerredner oder jemand aus dem Familien- bzw. Bekanntenkreis des Verstorbenen.

Bei jenen, die professionell mit Trauerfeiern zu tun haben, kann man davon ausgehen, dass sie der Aufgabe, sie zu leiten, gewachsen sind. Alle anderen müssen sich selbstkritisch fragen, ob sie dieser Anspannung standhalten können. Die Leiterin oder der Leiter der Trauerfeier wird zur öffentlichen Person. Alles, was sie oder er tut, geschieht unter den Augen und Ohren des »Publikums«. Die »Leute vom Fach« müssen vermeiden, dass ihre Souveränität den Eindruck professioneller Routine erweckt.

Der Leiter macht sich vor der Trauerfeier mit den Gegebenheiten des Ortes vertraut. Gibt es Stufen, auf die man achten muss? Wo steht das Lesepult? Liegen Kranzschleifen vor dem Sarg oder der Urne, so dass kaum Platz zum Stehen bleibt? Er entscheidet, ob er die ganze Zeit stehen oder sich zwischendurch hinsetzen möchte; dann muss ein Platz für ihn vorgesehen sein, vielleicht an der Seite des Raums oder am Ende der ersten Sitzreihe. Bei einer Prozession zum Grab muss der Leiter den Weg kennen, wenn nicht jemand anders vorausgeht.

Alle Absprachen, die zu treffen sind, müssen vor der Feier erledigt sein. Mit den Musikern und Sargträgern ist der Ablauf zu besprechen. Vor Beginn der Trauerfeier ist beim Mikrophon die Höhe einzustellen und eine Lautstärke-Probe durchzuführen. Wird ohne Mikrophon gesprochen, muss der Leiter im Verlauf der Feier abschätzen, ob seine Stimme trägt; vielleicht kann der hinten stehende Bestatter durch ein diskretes Zeichen angeben, ob der Leiter überall zu hören ist.

Ohne Umwege geht der Leiter zu Beginn der Feier bzw. beim Schluss des einleitenden Musikstücks an seinen Platz. Er darf nicht so stehen, dass er den Blick auf den Sarg oder die Urne verdeckt. Während der Feier bemüht er sich um ein natürliches Verhalten, bei allem, was er tut. Ob er sich setzt, aufsteht, geht, sich dreht oder sich vor Sarg oder Urne verneigt, es geschieht ruhig, ohne Eile und Theatralik. Er vermeidet, zwei Dinge gleichzeitig zu tun: im Gehen ein Buch aufzuschlagen, während des Singens ein Manuskript zu entfalten ... Beim Sitzen schlägt er nicht die Beine übereinander.

Auch der erfahrene Leiter sollte ein Manuskript mitnehmen; man weiß nie, was einen aus der Fassung bringen könnte. Eine Textvorlage, auch wenn man sie nicht braucht, gibt Sicherheit. Beim Sprechen sind Gestik und Mimik sparsam einzusetzen. Der Leiter sucht den Blickkontakt zur Trauergemeinde, vor allem zu den nahen Angehörigen. Er lässt beim Sprechen genügend Pausen.

Sind Ansagen zu machen, werden sie nicht als Kommandos gegeben, sondern freundlich und eindeutig: Bitte erheben Sie sich jetzt. Bitte nehmen Sie Platz. Wenn Sie möchten, können Sie nun nach vorn zum Sarg treten, aus dieser Schale auf der rechten Seite [immer von der Gemeinde aus gesehen] eine Rose nehmen und sie auf den Sarg legen.

Lieder werden mit Nummer und Titel angesagt. Also nicht: »Wir singen Nummer 258.« Sondern: »Wir singen das Lied ‚Lobe den Herren, den mächtigen König der Ehren', im Gotteslob unter Nummer 258.« – Wird gesungen, singt der Leiter mit.

Wenn etwas schief läuft, was der Leiter selbst zu verantworten hat (Versprecher, Hustenanfall, Buch fällt zu Boden, er stolpert) – am besten stillschweigend fortfahren. Wenn etwas schiefläuft, worauf er keinen Einfluss hat, muss er schnell entscheiden, was zu tun ist: ein Handy piepst (und der Angerufene nimmt an); der CD-Player streikt und wiederholt immer wieder den Anfang des Liedes; ein Kleinkind lärmt oder läuft herum, und niemand hält es still; ein Trauernder schreit seine Traurigkeit heraus – hier muss aus der Situation heraus entschieden werden, ob Innehalten und Abwarten oder Fortfahren das Richtige ist.

Spontane Änderungen können sich bei unvorhergesehenen Zwischenfällen ergeben. Fällt jemand in Ohnmacht, sollte der Leiter unterbrechen und Hilfe organisieren: »Ist ein Arzt im Raum; kann bitte jemand helfen?« Erst wenn die Aufmerksamkeit halbwegs wiederhergestellt ist, geht es im Ablauf weiter. Bei hereinbrechenden Gewittern verzögert der Leiter vielleicht den Zug von der Kapelle zum Grab (es kann so lange Musik gespielt werden), oder er verkürzt die Zeremonie, wenn am Grab der Regen einsetzt.

Muss man eine kirchliche Beerdigung veranlassen?

Wenn ein Mensch gestorben ist, existiert er weiter in der Erinnerung seiner Angehörigen. Dieses Weiterleben ist ein innerweltliches; nach drei Generationen wird das Andenken in der Regel erloschen sein, weil kein Lebender mehr den Verstorbenen kannte. Die Religion hingegen sagt aus: Im Menschen gibt es etwas, das über den Tod hinaus besteht und in anderer Art weiterexistiert, die Seele.

Dem Jenseitsglauben und der Frage nach Gott können angesichts des Todes neue Bedeutung und Aktualität zukommen. Der Tod ist der »Ernstfall des Glaubens«. Religion bietet durch die Hoffnung auf Auferstehung ein großes Tröstungspotenzial. Bei dramatischen Todesfällen kann der Glaube aber auch besonderen Prüfungen ausgesetzt sein, weil das Bild eines »lieben« Gottes ins Wanken gerät, dadurch, dass er gerade diesen Tod zuließ.

Manche Angehörigen wünschen ausdrücklich eine religiöse Trauerfeier. Andere bestimmen, dass keinerlei religiöse Elemente vorkommen dürfen. Eine dritte und mittlerweile größte Gruppe ist religiös entfremdet, aber nicht atheistisch eingestellt.

Wenn die religiöse Einstellung des Verstorbenen stark von jener der Hinterbliebenen abweicht, kann es zu Konflikten kommen, und Kompromisse sind gefragt. Letztlich entscheiden die Hinterbliebenen. Das ist beim Vorgespräch zwischen Leiter und Angehörigen zu klären.

Wird eine kirchliche Feier gewünscht, entscheiden sich die Angehörigen für eine religiöse Deutung und Tröstung im Trauerfall. Wer eine solche Trauerfeier leitet, möge bedenken, dass sich nicht nur aktive Kirchgänger in der Trauergemeinde befinden, sondern auch solche, die der kirchlichen Sprache entwöhnt sind. Hier ist »barrierefrei« zu sprechen, nicht formelhaft.

Wird ausdrücklich eine Feier ohne religiöse Elemente verlangt, dann darf der Leiter keine metaphysische Debatte in seiner Rede entzünden oder eindeutig religiöses Liedgut spielen lassen. Allerdings kann ein im Raum der Feier angebrachtes Kreuz in der Regel nicht abgenommen werden, und ist daher zu akzeptieren.

Bei jenen, die der Institution Kirche den Rücken gekehrt haben, für religiöse Impulse aber offen sind, bieten sich »niedrigschwellige Elemente« an. Ein bekannter Bibeltext oder Psalm, das Vaterunser oder die Melodie eines Kirchenliedes können an vergessene, aber in diesem Augenblick reaktivierte Erfahrungen anknüpfen.

Wie läuft eine kirchliche Bestattung ab?

Im Hinblick auf den Glauben an die leibliche Auferstehung war die Einäscherung eines Christen lange Zeit untersagt. Während Protestanten schon im 19. Jahrhundert begannen, die Leichname zu verbrennen, war das für Katholiken erst im 20. Jahrhundert kirchlicherseits erlaubt. Heute halten sich im städtischen Bereich Erdbestattungen und Kremierungen die Waage, im ländlichen überwiegt nach wie vor die gebräuchliche Beerdigung des Sarges.

Ablauf und Form der Bestattung sind sehr von regionalen Bräuchen und praktischen Gegebenheiten abhängig. Die Begräbnisfeier besteht immer aus einem Wortgottesdienst und dem Beerdigungsritus.

Traditionell gliedert sich die kirchliche Bestattung in drei »Stationen«: ein Gottesdienst in der Kirche, eine kleine Andacht in der Friedhofskapelle vor dem Sarg, schließlich die Beerdigung am Grab. Es kann aber auch sein, dass die Trauergemeinde direkt auf dem Friedhof zusammenkommt und der Gottesdienst erst am Abend oder am folgenden Sonntag stattfindet. Oder aber, wenn der Leichnam eingeäschert werden soll, wird die Urne erst zu einem späteren Zeitpunkt im kleinen Familienkreis beigesetzt. Wenn es nur wenige Hinterbliebene gibt, versammeln sich diese auch manchmal in Verabschiedungskapellen der Bestattungsinstitute.

Zum Gottesdienst für einen Verstorbenen wird mit einer tief tönenden Glocke eingeladen. Für Katholiken ist die Messe ein wichtiger Bestandteil der Trauerfeier. In den Exequien (lateinisch für »Leichenbegängnis«) bittet die Gemeinde nicht nur um das Erbarmen Gottes für den Toten, sie stärkt und tröstet sich auch im Glauben an die Auferstehung, beispielsweise mit Worten aus dem ersten Brief des Paulus an die Korinther (15,20–22): »Nun aber ist Christus von den Toten auferweckt worden als der Erste der Entschlafenen. Da nämlich durch einen Menschen der Tod gekommen ist, kommt durch einen Menschen auch die Auferstehung der Toten. Denn wie in Adam alle sterben, so werden in Christus alle lebendig gemacht werden.«

Die Lieder erzählen von der Osterbotschaft des leeren Grabes, doch sie mahnen auch, sich den eigenen Tod vor Augen zu halten und aus diesem Bewusstsein das Leben zu gestalten.

Keiner weiß, wer es sein wird, aber es wird für denjenigen gebetet, der als Erster aus der Mitte der Trauernden dem Verstorbenen vor das Angesicht Gottes folgen wird. Im evangelischen Gottesdienst würdigt der Pfarrer in der Regel den Lebenslauf des Verstorbenen. Die Andacht in der Kapelle des Friedhofs besteht aus Psalmen und Versen. Über den Sarg des Verstorbenen wird der Segen gesprochen. Schweigend wird der Sarg zum Grab geleitet; früher trugen ihn Angehörige und Freunde, heute machen das meistens Bedienstete des Bestatters. Üblich ist, den Sarg direkt abzulassen. Das ist ein feierlicher Augenblick, zu dem der Pfarrer die Formel spricht: »Erde zu Erde, Asche zu Asche, Staub zum Staube. Wir befehlen (Name) in Gottes Hand.«

Das Sterben des Menschen wird nicht beschönigt, aber das Vertrauen auf ein gutes Ende gewinnt die Oberhand. Im Bekenntnis des Glaubens, dem Vaterunser und in Segenshandlungen wird ausgedrückt, dass die Christen den Tod als Durchgangsstadium zu einer größeren Wirklichkeit akzeptieren.

Die katholische Bestattungsliturgie sieht noch Zeichenhandlungen vor, so das Besprengen des Sarges mit Weihwasser, was an die Taufe erinnern soll: »Im Wasser und im Heiligen Geist wurdest du getauft. Der Herr vollende an dir, was er in der Taufe begonnen hat.« – Dieses deutende Wort des Liturgen zeigt, dass sich im Tode ein Lebenskreis schließt, der mit der Taufe anfing. Der damals bekannte Glaube trägt durch ein ganzes Leben. Die Würde, die aufgrund der Vorstellung einer leiblichen Auferstehung dem Körper eines Menschen zukommt, wird durch das Beräuchern mit Weihrauch ausgedrückt. Mit einem Vortragekreuz wird schließlich das Segenssymbol des Kreuzzeichens über den Sarg gemacht. Protestanten und Katholiken werfen Erde auf den Sarg, was als symbolischer Akt des Grabzuschaufelns zu verstehen ist. Die Toten werden be-erd-igt, die Lebenden leben auf der Erde. Alle Teilnehmer der Beerdigung treten nun vor das offene Grab und nehmen Abschied. Meistens werfen sie eine Blume auf den Sarg.

Ist ein kirchliches Begräbnis möglich, auch wenn der Verstorbene nicht der Kirche angehörte?

Wenn jemand durch seinen Kirchenaustritt deutlich gemacht hat, dass er kein kirchliches Begräbnis wünscht, muss man seinen Willen respektieren. Möglicherweise haben aber andere Beweggründe zu diesem Schritt geführt, und die innere Haltung war nicht gegen den Glauben gerichtet. Im Gespräch zwischen Angehörigen und Seelsorger gilt es abzuwägen, ob eine kirchliche Bestattung angemessen ist.

In begründeten Ausnahmefällen kann auch jemand, der einer anderen christlichen Kirche angehörte, von einem christlichen Seelsorger beerdigt werden. Kinder und Erwachsene, die getauft werden sollten, aber vor dem Empfang der Taufe verstarben, können kirchlich begraben werden.

Ist es für einen katholischen Christen verboten, eine Einäscherung vornehmen zu lassen?

Früher einmal wurde die Einäscherung als bewusstes Bekenntnis gegen den Glauben an die Auferstehung genutzt; bei einer solchen Haltung würde ein kirchliches Begräbnis keinen Sinn machen. Wird die Feuerbestattung aus praktischen Erwägungen bevorzugt, hat die Kirche nichts dagegen, wenngleich sie die Beibehaltung der Beerdigung des Leichnams empfiehlt.

Kann auch jemand kirchlich beerdigt werden, der sich selbst das Leben genommen hat?

Ja. Im Mittelpunkt der Verkündigung des christlichen Glaubens stehen Liebe und Versöhnung, und nicht, über die Beweggründe eines solchen Schrittes zu Gericht zu sitzen. Das kirchliche Begräbnis kann verweigert werden, wenn der Freitod als bewusster Protest gegen Gott gewählt wurde.

Muss bei Katholiken immer eine Totenmesse stattfinden?

Nach altem Brauch wurden die Verstorbenen zu Hause aufgebahrt und dann zu Grabe getragen. Auch eine Aufbahrung in der Kirche war üblich. Heute hat sich allgemein durchgesetzt, dass die Verstorbenen nach spätestens drei Tagen in eine Leichenhalle auf dem Friedhof überführt werden. So bildete sich die Tradition eines katholischen Begräbnisses mit drei »Stationen«: Beginnend mit der Totenmesse (den Exequien) in der Kirche, gefolgt von einer Andacht – mit dem Sarg – in der Friedhofskapelle, und beendet schließlich nach der Prozession zum Grabe mit der Beisetzung.

Dieser Ablauf kann aber variiert werden. Beispielsweise können die Exequien nach dem Begräbnis stattfinden oder auch entfallen; dann wird in einer regulären Eucharistiefeier der Pfarrgemeinde für den Verstorbenen gebetet. Der Verzicht auf eine eigene Messe für den Toten scheint dann sinnvoll, wenn sie den Angehörigen nichts bedeutet. Mitunter müssen Pfarreien auch wegen Priestermangels von individuellen Totenmessen absehen.

Wird bei der Beerdigung etwas über das Leben des Verstorbenen gesagt?

Vor dem Begräbnis wird sich der Seelsorger mit den Angehörigen in Verbindung setzen. Ihm ist es wichtig – sofern er den Verstorbenen nicht selbst gekannt hat –, zu erfahren, welcher Mensch zu Grabe getragen wird. Es kann hilfreich sein, wenn die Hinterbliebenen ein kurzes Papier mit wichtigen Daten und Hinweisen zum Leben des Toten bereithalten. Die kirchliche Beerdigung soll den Verstorbenen würdigen, sie sieht jedoch keine Lobreden vor. Ausführliche Darstellungen des familiären und beruflichen Werdegangs, eine Auflistung ehrenvoller Verdienste oder von Mitgliedschaften in Vereinen und Institutionen werden kaum zur Sprache kommen.

Können sich die Angehörigen an der Gestaltung des Begräbnisses beteiligen?

Das ist grundsätzlich möglich und erwünscht. Beispielsweise können nach Absprache mit dem Seelsorger Lieder ausgesucht oder Texte im Gottesdienst vorgetragen werden, vor allem solche, die dem Verstorbenen lieb und wert waren. Zu bedenken ist, dass die besondere Situation des Begräbnisses die Angehörigen seelisch belastet; daher mangelt es ihnen vielleicht an Elan, sich zu engagieren. Mit dem Bestatter kann geregelt werden, ob es möglich ist, den Sarg von Angehörigen zum Grab tragen zu lassen.

Darf oder soll ich beim Tragen des Sarges oder der Urne mithelfen?

Es war einmal eine selbstverständliche Ehrensache, sich bei der Beerdigung von Verwandten am Tragen des Sarges oder der Urne zu beteiligen. Das ist heute noch üblich in ländlichen Gebieten. In islamischen Ländern kennt man den Brauch, dass sogar Fremde ein kleines Stück weit mit anpacken, wenn ein Verstorbener von seinem Haus zum Friedhof geleitet wird.

Wer gern beim Tragen helfen möchte, sollte sich selbstkritisch fragen, ob er dazu körperlich und seelisch in der Lage ist. Zum einen kann ein Sarg mit Leichnam ziemlich schwer sein, zum anderen ist der Augenblick der Beisetzung eine emotional hoch aufgeladene Situation. Doch es kann den Hinterbliebenen guttun, mit »Hand anzulegen«.

Das Ansinnen, Sarg oder Urne zu tragen, muss vor der Beerdigung mit dem Bestatter abgesprochen werden. Er kann vielleicht Tipps geben, wo und wie man anfassen muss, wie man den Sarg auf dem Transportwagen abstellt oder wie die Seile zum Ablassen zu handhaben sind. Er wird während der Beerdigung hilfreich zur Seite stehen.

Was kostet eine kirchliche Beerdigung?

Grundsätzlich ist die Amtshandlung des Begräbnisses für Mitglieder der Kirche frei. Für eine katholische Eucharistiefeier wird eine geringe »Stolgebühr« erhoben. Es kann sein, dass die Pfarrgemeinde für die Extraleistungen etwa des Organisten oder Küsters einen Obolus erbittet.

Finden Beerdigungen zu einer bestimmten Tageszeit statt?

Die Uhrzeit für Trauerfeiern und Beerdigungen hängen in erster Linie mit den Arbeitszeiten auf dem Friedhof und dem dortigen Betrieb zusammen. In der Regel werden Termine von Montag bis Freitag zwischen 8 Uhr morgens und 15 Uhr am Nachmittag vergeben.

Der Bestatter bemüht sich, einen Termin zu vereinbaren, der den Bedürfnissen der Angehörigen entspricht – etwa am Nachmittag, wenn Trauergäste mit langer Anreise erwartet werden.

Darf ich um finanzielle Unterstützung für die Kosten der Bestattung bitten? Erhalte ich Hilfe von Trauergästen oder vom Sozialamt?

Die Kosten, die nach dem Tod eines Menschen entstehen, können sich ganz schön summieren. Wer mit seinem Geld rechnen muss, sollte sich bei der Auswahl der Dienstleistungen im Voraus eine gewisse Zurückhaltung auferlegen. Es muss kein Eichensarg sein, Blumengestecke können einfach gehalten werden, und der

Kaffee nach der Beerdigung schmeckt zu Hause so gut wie im Gasthaus.

Es ist keine Schande, die Trauergäste um finanzielle Unterstützung statt um Blumenschmuck zu bitten. Wer sich dennoch außerstande sieht, die Kosten zu bezahlen, kann sich an das Sozialamt wenden. Dort muss die Bedürftigkeit nachgewiesen werden. Die Hilfe, die vom Sozialamt gewährt wird, kennt Obergrenzen; deswegen sollte der Kontakt hergestellt werden, bevor eine teure Bestattung erfolgt ist.

Muss man bei der Bestattung schwarze Kleidung tragen?

Früher einmal war gesellschaftlich geregelt, wann man als Trauernder wie lange schwarze Kleider zu tragen hatte. Diese Zeiten sind vorbei. Doch scheint der Brauch dem Druck gewichen zu sein, möglichst schnell wieder »funktionieren« zu sollen – als würden die Trauernden jene belästigen, die nicht betroffen sind.

Schwarz zu tragen, kann dem Trauernden helfen. Die Farbe entspricht seiner Gemütsverfassung, er signalisiert seiner Umwelt, dass er sich in einer Krisensituation befindet. Wie lange man sich nach dem Tod eines Angehörigen schwarz kleidet, bleibt jedem selbst überlassen. Man sollte mit sich selbst geduldig sein und darf sich dennoch auch Farbe gönnen, wenn einem danach ist.

Wer als Gast an einer Bestattung teilnimmt, tut gut daran, sich an die allgemeine Etikette zu halten. Schwarz ist in unserer Kultur die Farbe der Trauer. Sie weicht vom Alltäglichen ab, zeigt, dass etwas Feierliches geschieht, und mahnt, im rastlosen Fluss des Lebens für einen Moment innezuhalten.

Ist es noch zeitgemäss, »Totenbildchen« drucken zu lassen?

Bei Katholiken ist es ein alter Brauch, für verstorbene Christen kleine Zettelchen mit deren Namen drucken zu lassen. Diese Toten- oder Sterbebildchen dienen der Erinnerung und rufen zum Gebet auf. Sie finden ihren Platz eingelegt in Gebet- und Gesangbüchern. Verteilt werden sie in der Regel während des Beerdigungsgottesdienstes, oder sie werden gemeinsam mit der Danksagung verschickt.

Das Totenbildchen enthält den Namen, ggf. Geburtsnamen, des Verstorbenen und seine Lebensdaten.

Nicht erwähnt werden die Namen der Hinterbliebenen. Das Bildchen soll über Jahre hinweg in Bücher eingelegt Bestand haben. Deswegen legt der kurze Text den Schwerpunkt weniger auf die Trauer des Abschieds, sondern mehr auf die Erinnerung und den Dank für den Verstorbenen.

Bestattungshäuser und Druckereien halten Totenbildchen bereit, die auf der einen Seite mit Abbildungen christlicher Kunstwerke alter und neuer Zeit geschmückt sind. Die Angehörigen treffen die Auswahl. Den Druck organisieren der Bestatter oder die Hinterbliebenen selbst. Totenbildchen sollen in genügend großer Anzahl bereitgestellt sein. Übrige Exemplare können verschickt werden an jene, die nicht an der Beerdigung teilgenommen haben, oder am Schriftenstand in der Kirche ausgelegt werden.

Was schreibt man auf eine Kranzschleife?

Blumengestecke und Kränze auf Särgen oder Urnen sind Zeichen der Zuneigung dem Verstorbenen gegenüber. Sie werden auch von Freunden der Angehörigen als Symbole der Anteilnahme verwendet. Die Blumengebinde werden meistens mit Schleifen versehen, die kurze Texte tragen. Zum einen eine Art Gruß oder Wunsch an den Verstorbenen, und zum anderen die Nennung der Stifter der Buketts. Die geringe Fläche der Stoffstreifen verlangt knappe Formulierungen.

Die Kranzschleifen werden zur Trauerfeier oder Beerdigung gemacht; die besondere Situation gestattet mehr Emotionalität als bei den Traueranzeigen. Daher scheint es nicht unangemessen, Texte zu verwenden, die den Verstorbenen »ansprechen«. Gleichwohl ist es ratsam, die Formulierungen nicht salopp und nicht übertrieben stilisiert geraten zu lassen.

Der Name des Verstorbenen braucht nicht auf den Kranzschleifen aufzutauchen, da er im Zusammenhang des Anlasses (Beisetzung) selbstverständlich ist. Die »Botschaften« sollten sich weniger auf die Trauer der Zurückbleibenden, sondern eher auf das beziehen, was man dem Verstorbenen noch »sagen« möchte. Sie können also die Liebe, den Dank, die Freundschaft etc. thematisieren. Auf jeden Fall sollten die Schleifen nur Aussagen enthalten, hinter denen die Spender der Blumen auch stehen. Die verwandten »Absender« zeichnen nur mit ihrem Vornamen oder mit Familiengrad und Vornamen (»Deine Schwester Klara«). Kosewörter sind vorsichtig zu verwenden. Die Trauerfeier ist in der Regel eine öffentliche Veranstaltung, in der Intimes keinen geschützten Raum findet. Nicht Gruppen haben Gefühle, sondern nur Einzelne. Dennoch verlangt der knappe Platz auf der Schleife, dass Institutionen wie Vereine, Firmen, Parteien nur mit ihrem Namen zeichnen. Statt »Die Sängerinnen und Sänger des Werks-Chores Schwarze Grube«, genügt die Inschrift »Werks-Chor Schwarze Grube«. Auch wenn der Verstorbene ein noch so inniges Verhältnis zu seinen Haustieren hatte – deren Namen haben auf Kranzschleifen nichts zu suchen: »In tiefer Trauer – Bonzo und Bella.«

Die Gärtnerei oder das Bestattungshaus berät Sie, wie viel Text auf die – in der Regel maximal zwei – Schleifen passt. Dort ist man auch bei der Auswahl der Farben und Buchstaben behilflich, die auf die ausgesuchten Blumen abgestimmt werden.

Welche Musik passt zur Trauerfeier?

Natürlich kann eine Trauerfeier ohne Musik ablaufen. Doch Worte und Schweigen allein unterstreichen den Ernst des Anlasses erst recht, wenn auf Musik als ausgleichendes Element verzichtet wird. Musik vermag das Gemüt anders anzusprechen als Worte. Sie kann eine traurige Stimmung verstärken, sie kann aber auch aufheitern und trösten, und angesichts des Todes Kraft zum Weiterleben geben. So wird sie zum wesentlichen Bestandteil der Trauerfeier.

Grundsätzlich kommt Musik aus allen Genres in Betracht: Klassik, Jazz, Pop, Schlager, Volks- und Kirchenmusik. Auch Trauermusik ist Modetrends unterworfen; das Bestattungsinstitut kann auf Wunsch sicherlich die jeweils aktuellen Titel nennen. Die Stücke sollten so gewählt werden, dass sie dem Geschmack des Verstorbenen entsprechen, aber auch den Bedürfnissen der Trauergemeinde und der Schwere des Verlustes angemessen sind. Manche könnten starke Emotionen auslösen – nicht nur die bekannten »Tränendrüsendrücker«, sondern auch Musik, zu der der Verstorbene eine besondere Beziehung hatte. Möchte man diese Wirkung lieber vermeiden, oder ist sie wünschenswert, um Verkrampfungen zu lösen und den Trauernden zu helfen, ihre Tränen zuzulassen?

Die Anzahl der Stücke richtet sich nach der voraussichtlichen Länge der Trauerfeier. Bei rund fünfzehn Minuten Rededauer sollte die Musik etwa gleich viel Zeit in Anspruch nehmen. In der Regel werden also drei Musikstücke erklingen, entweder von einem Tonträger (Platte, Kassette, CD ...), oder live.

Ob und welche Live-Musik in Frage kommt, hängt davon ab, wo die Trauerfeier stattfindet (Kirche, Friedhofskapelle, direkt am Grab), und welche Instrumente und Musiker zur Verfügung stehen. Für gewöhnlich gibt es in der Kirche die Orgel und in der Friedhofskapelle ein Harmonium. Fehlt es, dann kann möglicherweise ein derartiges Instrument (elektronisches Tasteninstrument, Keyboard) mitgebracht werden, doch kommen auch Streich-, Blas- oder Zupfinstrumente und sogar »Exoten« wie Dudelsack und Drehorgel in Frage. Manchmal tritt nicht nur ein Solist, sondern ein ganzes Ensemble auf, etwa ein Posaunenchor, ein Streichquartett oder eine Band.

Mit diesen muss vorab geklärt werden, ob sie das Gewünschte beherrschen und die Noten dafür besitzen, denn zum Einstudieren bleibt meist nicht viel Zeit. Ist eine Einweisung in die vorhandene Orgel nötig? Lässt sich das Keyboard aufstellen und anschließen? Ein musizierwilliger Angehöriger sollte sich nicht selbst überschätzen, sondern nervlich der Trauerfeier wirklich gewachsen sein, was bei Profis in der Regel kein Problem ist.

Werden gemeinsam Lieder gesungen, sind bevorzugt solche auszuwählen, die als bekannt vorausgesetzt werden können. Text und Noten müssen in ausreichender Anzahl zur Verfügung stehen, in Gesangbüchern oder auf kopierten Liedzetteln. Auch ein Solist oder Chor kann auftreten. Musiker und Sänger sollten vor der

Feier prüfen, wo sie Aufstellung nehmen werden, und ob dafür im Raum der Trauerfeier oder ums Grab herum genug Platz ist. Vor der Feier empfiehlt sich auch eine Lautstärkeprobe. Bleibt für all das genügend Zeit? Auf den Friedhöfen in Großstädten werden die Kapellen oft im 40-Minuten-Takt belegt.

Bei Musik vom Tonträger ist die Auswahl nahezu unbegrenzt. Die Abspielanlage muss den Raum beschallen können. Wer bringt sie mit? Der Bestatter oder die Angehörigen? Wo im Raum der Trauerfeier ist eine Steckdose? Werden Verlängerungskabel oder Mehrfachstecker benötigt? Die Lautstärke vorher prüfen; lieber leise starten und dann erhöhen, als umgekehrt. Wer an der Anlage steht, muss sie sicher bedienen können.

Mitgebrachte CDs mit Zetteln beschriften, auf denen angegeben ist, welcher Track an welcher Stelle der Trauerfeier (Einleitung, Mitte, Auszug) vorgesehen ist. Vorsicht bei selbst gebrannten CDs: Vor Gebrauch Probe hören, ob sich beim Brennen kein Fehler eingeschlichen hat. Außerdem funktionieren sie nicht auf allen Geräten und nicht bei jedem Wetter.

Warum wird bei einer Trauerfeier manchmal für einen Moment geschwiegen?

Wenn man am meisten empfindet, weiß man oft am wenigsten zu sagen. Vielleicht lässt sich sogar bei einer Trauerfeier das Wichtigste gar nicht mit Worten ausdrücken. Es wird nur gesprochen, um die »Sprachlosigkeit« angesichts des Todes auszuhalten.

Deswegen kann ein Moment des Schweigens hilfreich sein. Das Schweigen ist ein eigenes Element der Trauerfeier. Es ist mehr als ein Augenblick, in dem gerade nicht gesprochen wird und keine Musik spielt. Es dient der Vergegenwärtigung der krisenhaften Situation und der Erinnerung an den Toten. Im Schweigen können sich die Trauernden als Gemeinschaft erfahren. Und es mag dabei auch so etwas wie eine stille Kommunikation zwischen dem Verstorbenen und den Angehörigen geben, »von Herz zu Herz«.

Der Moment des Schweigens sollte kurz mit erklärenden Worten eingeführt werden, damit erkennbar wird, dass dieses Verhalten beabsichtigt ist und nicht auf irgendeinem Problem im Ablauf beruht. Er sollte etwa in der Mitte der Trauerfeier liegen, damit die Trauergäste bereits die Schwelle in die Abschiedshandlung überwunden haben. Er muss frei sein von anderen Aktivitäten (Kränze beiseiteräumen, Buch aufschlagen, Aufstellung nehmen für das nächste Musikstück o. Ä.). Die Stimmung des Schweigens kann anschließend durch ein Musikstück fortgeführt werden.

Warum wirft man Erde ins offene Grab?

Bei einer Beerdigung gibt zunächst der Pfarrer/Trauerredner eine Schaufel Erde oder Sand ins Grab, als Symbol für die Vergänglichkeit des Lebens und ein zeichenhaftes Schließen des Grabes. Die Toten sind unter der Erde, die Lebenden darauf. Nun beginnt ein neuer Lebensabschnitt.

Anschließend tritt die Trauergemeinde ans Grab und wirft Erde, Blumen oder Zweige hinein. Dieser Erdwurf kann auch religiös gedeutet werden. Der Glaube versucht das Leben in Bildern zu verstehen. Eines ist die Abstammung aller Menschen von Adam und Eva. »Adam« jedoch bedeutet »Erde«. Die Erde ist der Lebensraum des Menschen. Außerdem dient sie als Bild für seine Vergänglichkeit. Diese Vergänglichkeit haben alle Menschen vom ersten Menschenpaar geerbt.

»Von der Erde bist du genommen, und zur Erde kehrst du zurück. Der Herr aber wird dich auferwecken«, lautet das Wort, wenn beim Begräbnis Erde auf den Sarg gegeben wird: ein Sinnbild für das Einswerden des sterblichen Leibes mit der Erde. Nach christlicher Sichtweise ist der Mensch jedoch mehr als sein Körper; er verfügt auch über eine Seele. Die Seele aber kann man nicht begraben und nicht verbrennen. Neugestaltet erweckt Gott den Menschen zu einem Leben in seiner Gegenwart.

Was bedeutet der Brauch, Blumen ins Grab zu werfen?

Nicht ohne Grund verschenken wir Blumen zum Geburtstag. Sie drücken ohne Worte Sympathie und Anerkennung aus. Blumen stehen für das Anmutige, Zarte und Schöne, aber auch für das Vergängliche. Der Brauch, Blumen ins Grab zu werfen schmückt und ehrt den Verstorbenen, wie auch die Kränze, die an Siegerkränze erinnern. Hier hat einer jenen Lauf vollendet, in dem wir Lebenden uns alle noch mühen.

Muss das Kaffeetrinken nach dem Friedhof sein?

Trauerfeiern sind ernste Angelegenheiten. Wir trauern um einen Menschen, und im Angesicht des Todes werden wir uns unserer eigenen Sterblichkeit bewusst. Da geht mancher doch in sich und fragt, wann er selbst von den anderen aus Zeit und Raum verabschiedet wird. Dass das irdische Dasein ein Ende hat, ist eine Binsenweisheit, die doch immer wieder zu schockieren vermag.

Sich nach dieser intensiven »Begegnung mit dem Tod« wieder ins Leben hineinzuholen, dazu dient seit alters her der Beerdigungskaffee, den man regional auch Leichenschmaus, Reuessen oder Trösterwein nennt. Bei Streuselkuchen, belegten Brötchen oder warmer Suppe treffen sich jene, die zurückbleiben, und sie feiern, dass sie dem Tod bisher entronnen sind.

Das an die offizielle Trauerfeier anschließende Trauermahl hat praktische und psychologische Effekte. Gäste mit langer Anreise können sich stärken. Hat es geregnet oder war es kalt, wärmt sich die Trauergemeinde auf. Alle aber holen sich durch Essen, Trinken und Erzählen in die Gemeinschaft der Lebenden zurück und werden damit den Geschmack des Todes wieder los.

Kann man Kinder zur Trauerfeier mitnehmen?

Der Tod ist ein Teil des Lebens. Kinder können nicht vor dieser Realität bewahrt werden, indem man sie von der Teilnahme an der Trauerfeier ausschließt. Auch wenn sie nicht alle Worte und Handlungen verstehen, können sie doch die entlastende Funktion der Feier spüren: Das Kind ist nicht allein in seiner Trauer! Und die Kinder sehen mit eigenen Augen, wohin man den Toten legt, nämlich in ein Grab.

Wenn in einer Familie ein Todesfall eingetreten ist, muss das dem Kind gesagt werden. Es bemerkt den Verlust und spürt die Traurigkeit der Erwachsenen, deswegen hat es ein Recht auf Erklärung. Kinder nehmen alles wörtlich. Wenn der Opa jetzt »im Himmel« ist – warum legt man ihn dann in die Erde? Hier wäre also eine Unterscheidung zwischen Leib und Seele notwendig.

Die Eltern entscheiden, ob ein Kind mit zur Trauerfeier geht oder nicht. In der Regel wirkt diese Erfahrung entlastend auf ein Kind, selten belastend. Vor der Trauerfeier wird dem Kind erklärt, was dort geschieht: Man trifft sich in der Kirche oder auf dem Friedhof. Alle Menschen sind schwarz gekleidet. Viele weinen, weil sie traurig sind. Jemand spricht über den Toten, es gibt Musik. Dann geht man zum Grab ... Das Kind wird viele Begriffe nicht kennen: Ein Sarg ist eine Kiste aus Holz, in der der Verstorbene liegt. Der Tote hat keine Schmerzen mehr, braucht keine Luft und keine Nahrung. Findet eine Urnenbeisetzung statt, muss erklärt werden, was das ist: Nicht »der Opa« ist in der Urne, sondern die Asche, nachdem man seinen Körper verbrannt hat.

Kinder dürfen bei der Trauerfeier weinen; sie dürfen aber auch fröhlich sein. Wenn ein Kind es nicht aushält, darf es die Trauerfeier verlassen. Wenn Kinder laut sind und stören, sollten ihre Eltern sie aus Rücksicht auf die Trauergemeinde hinausbringen. Auch Kinder können, wenn sie das möchten, ins offene Grab eine Blume oder eine Schaufel Sand geben oder etwas anderes beitragen, was sie dem Toten mitgeben möchten – ein selbst gemaltes Bild oder einen kleinen Gegenstand –; sie müssen aber nicht.

Nach der Trauerfeier sollten die Eltern mit dem Kind sprechen, wie es das Erlebte aufgenommen hat, damit eine positive Verarbeitung möglich ist.

D Richtig trauern dürfen – Fragen zur Zeit danach

Muss jeder »Letzte Wille« erfüllt werden?

Es ist schwierig, darauf eine allgemeine Antwort zu geben. Manchmal hat die/der Verstorbene bestimmte Wünsche bezüglich seiner Bestattung geäußert, und das im guten Glauben, seinen Verwandten damit einen Dienst zu erweisen – etwa dass es ein anonymes Grab geben oder gar auf eine Trauerfeier verzichtet werden solle. Die Angehörigen aber brauchen vielleicht für ihre Trauer gerade den Gottesdienst, das Grab, das Kaffeetrinken nach dem Friedhof. Dann sollten jene, die zurückbleiben, so entscheiden, wie es ihnen guttut.

Es gibt Willensbekundungen, die die Hinterbliebenen vor Probleme stellen, etwa, wenn jemand über den Tod nicht informiert oder nicht zur Beisetzung eingeladen werden soll. Die Konflikte und seelischen Belastungen, die daraus erwachsen können, trägt jedoch nicht mehr der Tote, sondern die Lebenden haben sie zu schultern. Also sollten sie so entscheiden, wie sie es für richtig halten.

Kurz, wirklich jeden letzten Willen muss man nicht erfüllen. Wer die Bestattung eines Menschen zu verantworten hat, der muss über sie auch mitentscheiden dürfen, der muss sehen, was machbar und was bezahlbar ist. Zum Beispiel kann der Wunsch, in einem weit entfernten Grab beerdigt zu werden, eine große finanzielle Belastung bedeuten. Wenn im Nachlass des Verstorbenen diese Finanzen nicht zur Verfügung stehen, darf man wohl auch eine praktischere Lösung finden.

Natürlich gibt es Wünsche des Verstorbenen, die man respektieren sollte: Zum Beispiel den Wunsch, verbrannt zu werden, im Grab ein bestimmtes Kleidungsstück tragen zu dürfen oder bei der Trauerfeier eine bestimmte Musik erklingen zu lassen. Es kann für die Zurückbleibenden sehr hilfreich sein, zu erfüllen, was im Sinne des Toten gewesen wäre. Noch hilfreicher aber ist es für sie, guten Gewissens handeln zu dürfen, ohne sich an zu enge Vorgaben halten zu müssen.

Auf ganz anderer Ebene liegen Versprechen, die der Sterbende den Hinterbliebenen abnimmt. »Versprich mir, dass du dich bald von deinem Mann trennst«, oder »Du darfst nie das Gemälde aus dem Familienbesitz verkaufen« – ein letzter Wille dieser Art kann vielleicht in der emotional aufgeladenen Situation des Sterbens bekundet werden, er darf die Zurückbleibenden aber nicht ihr Leben lang binden, denn sie haben auf ihre Art mit dem Leben fertig zu werden.

Wie kann man Streitereien zwischen Hinterbliebenen vermeiden?

Sollte es Konflikte zwischen den Hinterbliebenen geben, so ist es wohl am einfachsten, im Angesicht des Todes eines Menschen für die Phase der Bestattung und Erbaufteilung eine Art Burgfrieden zu schließen.

Gibt es bereits Ärger, wer die Bestattung zu organisieren hat und ist keine Kompromisslösung in Sicht, so haben nach dem Grad der Verwandtschaft zu bestimmen: der Ehepartner, die Kinder, die Geschwister. Von Bedeutung ist auch, wer sich zuletzt um den Verstorbenen kümmerte, ihn pflegte bzw. betreute.

Streitigkeiten auf dem Friedhof sollte man unbedingt vermeiden. Was macht es, wenn z. B. der geschiedene Partner zur Beerdigung kommt? Das mag den neuen Partner nicht erfreuen, doch man kann sich ja aus dem Wege gehen. Auseinandersetzungen über das Erbe werden – wenn einvernehmliche Ergebnisse unmöglich erscheinen – über gesetzliche Regelungen entschieden.

Der sicherste Weg, Streitigkeiten zu vermeiden, ist wohl, sie von Anfang an gering zu halten und Wege zur Versöhnung zu suchen. Vorwürfe und Anschuldigungen aus mitunter jahrelang zurückliegenden Differenzen sollten über dem Grab verstummen, die Lebenden sich die Hand reichen.

Ist Trauer ein normales Gefühl?

Trauer gehört zu den Erfahrungen, die man gemacht haben muss, damit man weiß, wovon man spricht. Wer nicht den Schmerz des Abschieds am eigenen Leib erfuhr, wem nicht das Herz vor Kummer blutete, wem nicht der Boden unter den Füßen wegsackte, weil ihm ein geliebter Mensch genommen wurde, der kann kaum mitreden.

Tod heißt unabänderliches Ende. Ein Schnitt in die Seele der Hinterbliebenen, denn der Verstorbene wird aus ihren Leben amputiert. Da fehlt etwas. Man denkt, so könne man selbst nicht weiterleben. All das Schöne soll für immer vorbei sein? Es braucht Zeit, bis der Dank für das Gewesene, das Geschenkte, die Oberhand gewinnt. Zunächst jedoch regiert die Trauer über den Verlust. Wir trauern eben auch um uns selbst, die wir mit einer Lücke zurückbleiben.

Es gibt auch eine Trauer über nicht gelebtes Leben, über unausgeschöpfte Möglichkeiten, wenn das Verhältnis zum Toten nicht ungetrübt war. Dann fällt Abschiednehmen noch schwerer, denn Versöhnung steht noch aus.

Wer trauert, der braucht keine klugen Sprüche: »Kopf hoch, wird schon wieder!« Wer trauert, braucht keine Ratschläge, sondern nur gemeinsames Aushalten. Da muss oft gar nichts gesagt werden. Mancher benötigt allerdings die Aufmunterung, die Trauer zuzulassen, weil er sie unterdrückt. An den nicht geweinten Tränen kann man ertrinken. Sie müssen raus, sie dürfen raus.

»Das Leben geht weiter«, das sagt sich so leicht. Es stimmt ja auch, doch wenn der Tod akut ist, bleibt auch das Leben für die Zurückbleibenden einen Moment stehen. Die Zeit hält den Atem an. Wer trauert, befindet sich in einem Ausnahmezustand. Die Alltäglichkeiten können ihn überfordern, deswegen ist der Trauernde traditionell von allen Pflichten befreit. Er muss nicht arbeiten, nicht beten, nicht auf seine Schönheit achten. Damit er nicht zu essen vergisst, bringt man ihm Speise und Trank. Alles gewinnt in dieser Periode eine andere Bedeutung. Unwichtiges verblasst, kleine Gesten können enorme Wirkungen erzielen. Der Trauernde ist sensibel für das, was man zu ihm spricht oder ihm schreibt. Er registriert auch, wer auf die Todesnachricht nicht reagiert. Mancher traut sich nicht, dem Trauernden zu begegnen, aus Furcht, etwas verkehrt zu machen. Ängstliche wechseln sogar die Straßenseite, weil ihnen der Trauernde entgegenkommt. In der Trauer scheint weniger mehr zu sein. Nicht die klugen Sprüche zählen, sondern die gezeigte Anteilnahme. Die kann auch aus einem Besuch bestehen, bei dem man nur schweigt. Oder aus einer Karte: »Ich denke an dich.«

Mit welcher Trauerzeit muss ich rechnen, bis ich den Verlust eines Angehörigen überwunden habe?

Trauernde brauchen vor allem Geduld – mit sich selbst und mit ihren Mitmenschen. Trauer stürzt in eine Krise, man kennt sich selbst nicht mehr, findet sich in einem Gefühlswirrwarr aus Hilflosigkeit, Furcht und Traurigkeit wieder, vielleicht gemischt mit Wut und Aggression. Das Gefühl von Lähmung wird abgelöst von rastloser Aktivität …

Von der emotionalen Nähe zur/zum Verstorbenen und den Umständen des Todes hängt es ab, mit welcher Trauerzeit man rechnen muss. Natürlich hat man das ruhige Einschlafen einer Neunzigjährigen schneller und leichter verarbeitet als den Unfalltod eines Kindes.

Bei nahestehenden Menschen kann man sich auf rund drei Jahre Trauerzeit einstellen. Selbstverständlich wird der anfängliche Schmerz nachlassen, aber die Seele ist noch wund. Bei einem gesunden Trauerprozess kann sie heilen, den Verlust akzeptieren und neue Lebensperspektiven angehen.

Es heisst, es gebe »vier Phasen der Trauer« – was ist darunter zu verstehen?

Wir können die Trauer in vier Phasen einteilen. In einer ersten will man vielleicht den Tod gar nicht wahrhaben. Man fühlt sich wie betäubt. Man denkt, alles wäre nur ein »böser Traum«, und kann nicht glauben, dass der Verstorbene wirklich tot ist. Tod bedeutet Verlust. Dieser Verlust wird geleugnet. Der Trauernde steht unter Schock.

Hier ist es wichtig, den Trauernden von Tod und Sterben erzählen zu lassen, wenn er möchte. Dem Tod buchstäblich »ins Auge zu sehen«, kann hilfreich sein: den Toten noch einmal anzuschauen, an der Beerdigung teilzunehmen, das Grab zu besuchen.

Dann aber brechen die Gefühle auf. In der zweiten Phase ringen sie miteinander: Vielleicht ist der Trauernde zornig auf den Verstorbenen, weil der ihn verlassen hat. Und dann tut ihm dieses Gefühl leid. Manchmal schämt er sich sogar dafür, selbst am Leben zu sein, während der Verstorbene tot ist. Oder er fühlt sich schuldig an dessen Tod.

Im Gespräch kann man helfen, die Gefühle in Worte zu fassen. Und vielleicht stellt sich dabei heraus, dass manche Gefühle nicht sein müssen. Der Tote ist nicht gestorben, um den Hinterbliebenen Schmerz zuzufügen. Der Schmerz der Trauer tut sehr weh, aber er muss ausgehalten werden.

»Suchen« ist das Thema in der dritten Phase. Der Trauernde sucht in seinem Leben nach Spuren, die der Tote hinterlassen hat. An Orten, wo man mit dem Toten gemeinsam Schönes erlebte, denkt man an ihn – und meint, man könne an nichts anderes mehr denken.

Es ist in Ordnung, wenn der Trauernde viel vom Verstorbenen spricht. Er fragt sich, was ihm vom Verstorbenen geblieben ist. Er steht vor der Aufgabe, sich in seiner Umwelt neu einzupassen – in einer Umwelt ohne den Verstorbenen.

Wenn der Weg der Trauer heilsam verläuft, dann kann der Trauernde in der vierten Phase mit dem Verlust des geliebten Menschen leben. Er kann neue Beziehungen eingehen, ohne dass der Verstorbene seine Bedeutung verliert.

Dieser Weg braucht Zeit. Irgendwann aber ist der Trauernde wieder im Leben angekommen. Und der geliebte Mensch, der tot ist, lebt in seinem Herzen weiter. Es bleibt die Erinnerung.

Akzeptiert mein soziales Umfeld meine Trauer?

Wer die starken Gefühle der Trauer nicht kennt, wird möglicherweise schlecht mit einem Trauernden umgehen können und ungeduldig erwarten, dass er bald wieder »normal« ist. Trauernde müssen anfangs täglich neu erspüren, ob sie Nähe oder Distanz wollen. Mal brauchen sie einen Gesprächspartner, um sich ihre Trauer von der Seele reden zu können, mal wollen sie Schweigen – niemanden sehen!

Wer trauert, wird schnell feststellen, wer ihm zur Seite stehen kann und wer überfordert ist. Manche kommen mit klugen Sprüchen, meinen es aber gut. Andere glauben zu wissen, was man als Trauernder tun und lassen soll. Wieder andere sagen nichts, sind einfach nur da – diese sind besonders wertvoll.

Es wird immer Menschen geben, die meinen entscheiden zu können, was man als Trauernder darf oder nicht darf: Einen Woche nach dem Tod ein buntes Kleid anziehen? Einen Monat später zu einem Fest gehen? Nach einem halben Jahr mit einem neuen Partner auftauchen?

Der Trauernde muss auf seine eigenen Kräfte vertrauen, tun, was ihm guttut, und lassen, was ihm nicht bekommt – unabhängig davon, ob das soziale Umfeld das billigt. Natürlich sind bestimmte Rücksichten zu nehmen, etwa auf die Kinder oder Eltern des Verstorbenen.

Muss ich ein schlechtes Gewissen haben, wenn ich nicht trauere?

Wer nach dem Tod eines Menschen nicht trauert, sollte sie nicht heucheln. Es gibt allerdings auch verdrängte Trauer, also solche, die tief im Menschen verborgen ist, aber nicht zugelassen wird. Das kann vorkommen, wenn das Verhältnis zur/zum Verstorbenen schlecht war, man sich aber ein gutes gewünscht hätte, etwa zu den eigenen Eltern. Dann trauert man vielleicht weniger über deren Tod und mehr über die nicht stattgefundene Beziehung.

Ist es nicht peinlich, Hilfe in Anspruch zu nehmen?

Sich im Trauerfall professionell von Seelsorgern oder Psychologen helfen zu lassen, zeugt nicht von Schwachheit, sondern von Stärke – nämlich von der Stärke, sich realistisch einschätzen zu können. Hat das Auto einen Defekt, fahren wir in die Werkstatt, schmerzt das Knie, gehen wir zum Arzt, und benötigen wir juristischen Rat, wenden wir uns an einen Anwalt. Das alles geschieht ohne Scham. Nur wenn die Seele bedürftig ist, meinen wir, es sei unangenehm, darüber zu sprechen?

In vielen Städten und Gemeinden werden auch »Trauercafés« im Sinne von Selbsthilfegruppen angeboten. Trauernde kommen zusammen, sprechen ihr Leid aus, trösten sich gegenseitig. Es kann eine große Entlastung bedeuten, zu spüren, dass man diesen schwierigen Weg der Trauer nicht allein zu bewältigen hat.

Ich habe den Verstorbenen gesehen, gehört, gespürt – fange ich jetzt an zu spinnen?

Aber nein, das geschieht vielen trauernden Menschen: der Tote ist ihnen noch ganz nah, er scheint mit unsichtbaren Fäden mit den Lebenden verwoben zu sein. Sie meinen seine Anwesenheit zu spüren. Wenn sich auch diese Phänomene mit der Zeit verlieren – ein geliebter Mensch wird immer seinen Platz im Herzen der

Zurückbleibenden haben, er wird in ihrem Leben eine Rolle spielen, bis sie selbst jene letzte Schwelle überschreiten, über die jeder allein gehen muss.

Kann ich für den Toten beten?

Für Verstorbene zu beten ist eine alte Tradition. In Zeiten, da man sich um das Schicksal der Verstorbenen Sorgen machte, sie könnten »verloren gehen«, war diese Fürbitte geradezu heilsnotwendig. Wer vertrauen kann, dass niemand aus der Gnade Gottes herausfällt, dass er jeden Menschen annimmt in seiner Schwachheit, der kann beruhigt beten und Gott für den Verstorbenen danken.

Eine Kerze anzuzünden – daheim oder in einer Kirche – wirkt wie ein stummes Gebet. Ein stilles Gedenken an jemanden, der nicht mehr lebt und doch noch da ist.

Wann verschicke ich die Danksagung? Oder genügt eine Zeitungsanzeige?

Nach den Ritualen des Abschiednehmens, deren Höhepunkt die Trauerfeier mit der Beisetzung ist, wollen viele Hinterbliebene jenen Personen ihren Dank ausdrücken, von denen sie ein Zeichen der Anteilnahme erfahren durften.

Das kann im persönlichen Gespräch oder durch ein paar handgeschriebene Zeilen geschehen. Bei größerem Bedarf eignen sich für die Danksagung gedruckte Briefe oder eine Zeitungsanzeige. In der Regel entscheiden sich die Hinterbliebenen für eine dieser Varianten.

Die Danksagung muss den Namen des Verstorbenen und die Namen derer enthalten, die sich bedanken. Die Botschaft des Dankes kann ergänzt werden durch einen Sinnspruch.

Bei Katholiken kann auf den Gedenkgottesdienst des Sechswochenamtes hingewiesen werden: Termin, Wochentag, Uhrzeit, Kirche und Ort.

Danksagungen sollten etwa innerhalb eines Monats nach der Beerdigung veröffentlicht werden. Zeitungsanzeigen erreichen viele Personen auf einmal, bei regionalen Zeitungen jedoch nur eine räumlich begrenzte Leserschaft, die sich nicht unbedingt mit den Anteilnehmenden deckt. Briefliche Danksagungen können individuell gestaltet werden.

Die Angehörigen veranlassen den Druck der Danksagungen in einer Druckerei, oder sie beauftragen das Bestattungsinstitut; dort werden die Danksagungen versandfertig gemacht und nach Anschriftenlisten der Hinterbliebenen verschickt. (Eventuell die Adressenliste der Todesanzeige ergänzen.) Natürlich können die Angehörigen die Danksagung auch selbst versenden. Bei einer Anzeigen-Danksagung leiten die Hinterbliebenen oder das Bestattungsinstitut den Auftrag an die Zeitung weiter.

Was schreibt man auf den Grabstein?

Der Grabstein markiert den Platz, an dem ein Verstorbener bestattet wurde. Das Grab an sich ist jedoch nicht der »Aufenthaltsort« des Toten, sondern eine Stelle der Erinnerung. Die Öffentlichkeit des Grabsteins auf dem Friedhof und seine lange Lebensdauer erfordern eine wohl durchdachte Textwahl.

Der Grabstein muss den Namen des Toten erwähnen. Initialen oder Kosewörter allein machen den Verstorbenen anonym. Wer war denn »Unser Vati«? Nur die

Familiennamen zu nennen (»Familie Peusgen«) lässt offen, wer davon verstorben ist und wer noch lebt. Titel- und Berufsangaben verengen das Leben des Verstorbenen auf seine Tätigkeit. Der »Schneidermeister Büll« war außerdem ja auch noch Ehemann, Vater, Chorsänger und so weiter. Und ein Doktortitel schmückt einen Toten nicht mehr. Zusätzlich zum Namen können Geburts- und Todestag oder nur die betreffenden Jahreszahlen angegeben werden. Weitere Zusätze sollten wiederum der Aufgabe eines Grabsteins angemessen, also weder überzogen gewählt noch ungeniert formuliert sein. Zu beachten ist, welchen Sinn die »Botschaft« der Zusätze hat.

Die Grabsteintexte müssen lange Zeitspannen überdauern können. »Nie wird unsere Trauer aufhören« ist ein Gefühl des Augenblicks, ungeeignet dafür, in Stein gehauen zu werden. Positive »Botschaften« hingegen verlieren ihren Sinn nicht. Die Verwendung von Sinnsprüchen, Bibelversen oder Symbolen ist von Größe und Material des Steines abhängig. Manche Friedhofssatzungen schreiben die Gestaltung der Grabmale in engen Grenzen vor, so dass, wenn überhaupt, nur kurze Texte Platz finden. Außerdem sind auch die Kosten der Bearbeitung zu beachten.

In der Regel bestellen die Angehörigen den Stein direkt beim Steinmetz. Das kann jedoch auch das Bestattungsinstitut übernehmen.

Muss man zum Jahrgedächtnis eine Anzeige aufgeben?

Mancher möchte anlässlich eines Jahrgedächtnisses an einen Verstorbenen erinnern. In der katholischen Kirche ist es üblich, des Verstorbenen – nach Anmeldung – im Gottesdienst mit einer besonderen Fürbitte zu gedenken. Unabhängig davon kann eine Anzeige in einer Zeitung den Jahrestag des Todes in Erinnerung rufen.

Ein Hinweis auf den Anlass – das Jahrgedächtnis – ist notwendig, damit die Anzeige nicht für eine Todesanzeige gehalten wird. Die Anzeige zum Jahrgedächtnis enthält neben dem Namen des Verstorbenen auch den Namen derjenigen, die die Anzeige aufgeben. Das sind in der Regel die Verwandten, können aber auch Freunde oder Vereine/Institutionen sein. Es sollten die Lebensdaten des Verstorben erwähnt werden oder ein Hinweis darauf, um das wievielte Jahrgedächtnis es sich handelt.

Die Anzeige zum Jahrgedächtnis kann von den Hinterbliebenen direkt bei der Zeitung bestellt werden; das Bestattungshaus hilft aber gern und hat Vorschläge zur Hand. Für die Anzeige zum Jahrgedächtnis werden neben den regionalen Tageszeitungen zunehmend auch wöchentlich erscheinende Anzeigenblätter genutzt, die an alle Haushalte einer Region verteilt werden.

Wenn kein Testament vorliegt, wird die Erbschaft nach der gesetzlichen Erbfolge verteilt, wie sie im Bürgerlichen Gesetzbuch (BGB) geregelt ist.

Wird der Erblasser von einem Ehepartner überlebt, so hängt die Verteilung des Nachlasses davon ab, in welchem Güterstand die Gatten gelebt haben, und ob Nachkommen vorhanden sind. Wenn der Ehegatte bereits verstorben ist, erben die Kinder zu gleichen Teilen. Wenn eines der Kinder verstorben ist, erben dessen Kinder zu gleichen Teilen den auf ihr Elternteil entfallenden Erbteil.

Wenn es keine Kinder oder Enkel gibt, erben der Ehepartner drei Viertel und die elterlichen Verwandten ein Viertel (und zwar zunächst Vater oder Mutter, dann Bruder oder Schwester, dann Neffen oder Nichten).

Wer eine andere Erbteilung wünscht, muss ein Testament aufsetzen. Dies kann ohne Notar in Form eines Privattestaments geschehen. Es wird eigenhändig mit Füllhalter oder Kugelschreiber ausgeschrieben, mit Datum, Ort und Unterschrift versehen und bei den Familienpapieren aufbewahrt.

Im Testament wird festgelegt, wer zu welchem Bruchteil erben soll. Dabei kann man bestimmte Nachlassstücke auch bestimmten Erben vermachen (z. B. Auto,

Bücher, Schmuck). In einem solchen Falle ist festzuhalten, ob diese Nachlassstücke auf den Erbteil anzurechnen sind oder nicht.

Am gebräuchlichsten bei Eheleuten ist das gemeinschaftliche Privattestament. Es kann etwa so aussehen: »Wir, die Eheleute Andreas und Helga Schmitz, setzen uns gegenseitig zu Erben ein. Der länger Lebende soll allein den gesamten Nachlass erben. Erben des länger Lebenden sollen zu gleichen Teilen unsere Kinder Franz und Marie werden. Bonn, den 3. Januar 2008, Andreas Schmitz. Dieses Testament ist auch mein Testament. Bonn, den 3. Januar 2008, Helga Schmitz«.

Möglicherweise ist eines der Kinder im genannten Fall mit dem elterlichen Testament nicht einverstanden. Dann kann es beim Tod eines Elternteils seinen Pflichtteil verlangen.

Der Pflichtteil ist in Geld auszuzahlen und entspricht der Hälfte des gesetzlichen Erbteils. Anspruch auf den Pflichtteil haben Kinder, Eltern und Ehepartner.

Wenn möglich, sollte vermieden werden, dass Ehepartner und Angehörige bis zur Erbscheinausstellung auf Geld warten müssen. Damit sie sofort über Bank- und Sparkonten verfügen können, ist es zweckmäßig, einer Vertrauensperson schon zu Lebzeiten eine Kontovollmacht zu geben. Meist werden Vollmachten erteilt, die über den Tod hinaus gültig sind. Die Vollmacht kann aber auch erst mit dem Tod in Kraft treten oder auf eine bestimmte Summe begrenzt sein.

Wer zu den gesetzlichen oder testamentarischen Erben gehört, kann die Erbschaft innerhalb von sechs Wochen ausschlagen. Von dieser Möglichkeit wird Gebrauch gemacht, wenn der Nachlass wahrscheinlich überschuldet ist. Erbschaftssteuer ist dann zu zahlen, wenn der Erbschaftswert einen bestimmten Steuerfreibetrag übersteigt. Der Freibetrag ist abhängig vom Verwandtschaftsgrad.

Was geschieht, wenn das Nutzungsrecht für ein Grab abgelaufen ist, aber eventuell noch sterbliche Überreste vorhanden sind?

Manchmal finden sich auch noch nach 25 Jahren Knochenreste im Grab. Diese werden – wenn das Grab neu belegt wird – meistens entweder an gleicher Stelle tiefer oder an anderer Stelle auf dem Friedhof vergraben. Mancherorts gibt es auch so genannte »Beinhäuser«. Dort sammelt man jene Gebeine, die sich bei der Neubelegung eines Grabes finden.

Was bedeutet »Auferstehung«?

Christliche Jenseitsvorstellungen sind eng verknüpft mit der zentralen Gestalt dieser Religion. Das Leben und Sterben, der Tod und die Auferstehung von Jesus Christus prägen die variierenden Anschauungen innerhalb des Christentums. Die Jenseitsvorstellungen entwickelten sich über lange Zeiträume hinweg. Und bis heute ist dieser Prozess nicht abgeschlossen. Die Theologie unserer Tage versucht den Glauben auch in einer modernen Welt möglich zu machen, indem traditionelle Begriffe der Lehre mit neuen Inhalten gefüllt werden.

Als Jesus durch die römische Besatzungsmacht hingerichtet wurde, da starb er einen schmerzhaften Tod. Die Evangelien verschweigen nicht die Angst und das Leiden des Sterbenden. Seine Agonie ist realistisch, nicht überhöht gezeichnet. Dieses Lebensende war kein sakraler Akt, sondern ein dramatisches Scheitern. – Dass ihr Idol einen so schmachvollen Tod in der damals gebräuchlichen Form der Kreuzigung erdulden musste, das verstanden seine Jünger zunächst wohl kaum. Durch die Erscheinung des auferstandenen Christus wurde den Jüngern vermittelt, dass er für sie stellvertretend den Tod überwunden hatte. Diese Möglichkeit eines Weiterlebens nach dem physischen Tod sollte für alle Anhänger der Jesus-Bewegung gelten. Jesus hatte auf diese Weise einen neuen Bund Gottes mit den Menschen besiegelt und dadurch den schlimmsten Feind des Menschen – den Tod – überwunden.

Christen glauben, Gott habe seinen Sohn Jesus Christus nicht im Tod gelassen, sondern zu neuem Leben auferweckt. Die Evangelien aus dem Neuen Testament berichten übereinstimmend von den Zeugen und Zeugnissen der Auferstehung von Jesus: dem leeren Grab, dem weggerollten Stein davor, dem Engel, schließlich den Erscheinungen des auferstandenen Christus. Alle aber lassen unerwähnt, was eigentlich geschehen war. Gemeinsame Überzeugung der ersten Generation der Christen bildete jedoch das Bekenntnis: »Jesus lebt!« Viele hatten ihn gesehen, einige mit ihm gesprochen, manche mit ihm gegessen, und Thomas durfte sogar seinen Finger in die Wunden Jesu legen, um seinen Zweifel zu beseitigen. Jesus sprach zu ihm: »Weil du mich gesehen hast, glaubst du. Selig, die nicht sehen und doch glauben.« (Joh 20, 28) – Zum christlichen Glauben gehört wesentlich das Vertrauen, dass jeder Mensch wie Jesus auferweckt werden kann zum ewigen Leben.

Wie aber kann man sich das vorstellen?

Christen glauben: Die unsterbliche Seele trennt sich im Tod vom verweslichen Leib. Die Seelen der Gerechten erlangen danach die Seligkeit der Gemeinschaft mit Gott im Himmel. Wenn Jesus vom »Reich Gottes« spricht, meint er damit einerseits eine bestimmte Qualität des Lebens auf der Erde, nämlich ein Leben unter Gottes Herrschaft, die allen Gerechtigkeit und Frieden schenkt. Doch mit »Reich Gottes« ist auch das Leben bei Gott in einer anderen Dimension gemeint, wofür die Heilige Schrift den Begriff »Himmel« verwendet.

Das Neue Testament scheut sich, diesen Zustand in bunten Farben auszumalen, und bedient sich lieber anschaulicher Gleichnisse. Wie ein Festmahl sei das Himmelreich, wie eine Hochzeit, oder wie eine neue Stadt. Menschliche Maßstäbe von Macht und Recht gelten dort nicht.

Und was ist mit der Hölle?

In der Tradition des Christentums entwickelte sich die Vorstellung von einer Gegenwelt zum Himmel, nämlich die Hölle. Sie ist das Ziel der Verdammten, eine finstere

Stätte des Verderbens, in die die Sünder gelangen, also jene, die sich gegen Gott entschieden haben.

Auch hier hält sich die Bibel mit Schilderungen sehr zurück. Die dramatischen Szenarien übelriechender Folterkammern unter der Leitung des Teufels stammen erst aus dem Mittelalter. Die Theologie ist heute der Meinung, dass die Vorstellung einer ewigen Verdammnis zu Beginn des Christentums keine wichtige Rolle spielte. Viel wichtiger als alle Höllenvisionen war für die ersten Christen das Konzept des Endgerichts Gottes über die Lebenden und die Verstorbenen. Jedem sollten durch Gott die Konsequenzen seines Handelns vor Augen geführt werden. Die endgültige Aufrichtung von Gottes Herrschaft und seine Gerechtigkeit im Endgericht sollten das kommende Friedensreich einleiten, in dem nur Gott allein herrscht.

»Fegefeuer«, was bedeutet das denn?

Die katholische und orthodoxe Tradition des christlichen Glaubens gibt jenen Gläubigen eine Chance, die zwar gefehlt haben, aber nicht ganz verdammt sind. Sie können im Fegefeuer (von mittelhochdeutsch »vegen« = »reinigen«) die fehlende Buße nachholen, gleichsam

»nachreifen« für den Himmel. In der protestantischen Linie konnte sich diese These der Läuterung nach dem Tode nicht durchsetzen.

Werden denn nicht alle Menschen gerettet?

Heute zeigen sich viele Christen überzeugt, dass Gottes Barmherzigkeit grenzenlos ist und größer als alle menschliche Schuld. Niemand wird von der Gemeinschaft mit Gott ausgeschlossen. Sie hoffen auf die Erlösung aller Menschen; sie vertrauen, dass Gott beim Gericht auch den psychologischen Ursachen der Bosheit und Schlechtigkeit der Menschen Rechnung tragen wird. Vielleicht hat ja das Böse keine eigene Macht und konkrete Gestalt – und ist einfach die Abwesenheit des Guten?

Theologie und Verkündigung tun sich heute nicht immer leicht, von den »Letzten Dingen« zu sprechen. In der Praxis sieht es häufig so aus, dass man für jeden Verstorbenen die Hoffnung hegt, er möge bei Gott – wie auch immer – ein erlöstes Dasein geschenkt bekommen.

Wie drücken Christen die Trauer aus?

Im ersten Thessalonicherbrief (4,13–14,18) heißt es: »Brüder und Schwestern, wir wollen euch über die Verstorbenen nicht in Unkenntnis lassen, damit ihr nicht trauert wie die anderen, die keine Hoffnung haben. Wenn Jesus – und das ist unser Glaube – gestorben und auferstanden ist, dann wird Gott durch Jesus auch die Verstorbenen zusammen mit ihm zur Herrlichkeit führen. (…) Tröstet also einander mit diesen Worten.« – Damit ist nicht gemeint, dass Christen gar nicht traurig sein dürften; aber ihre Trauer muss nicht in die Verzweiflung führen, muss nicht bodenlos sein.

Den Angehörigen drückt man durch Formeln wie »Herzliches Beileid« oder »Aufrichtige Anteilnahme« noch auf dem Friedhof sein Mitfühlen aus. Im Anschluss an die Beerdigung treffen sich häufig alle Teilnehmer zu einem Kaffeetrinken bei den Angehörigen oder in einer Gaststätte. Dieser »Leichenschmaus« oder »Trösterwein« ist eine alte Sitte, die heute oft gering geschätzt wird. Mancher, der einen geliebten Menschen betrauert, möchte lieber allein bleiben. Die Zusammenkunft aller Trauernden soll Gemeinschaft herstellen. Beim Essen und Trinken erzählt man vom Verstorbenen, frischt Erinnerungen auf, holt sich aus der Nähe des Todes ins Leben zurück. Bei diesen Gelegenheiten trifft man Menschen – entfernte Verwandte, alte Bekannte, ehemalige Nachbarn –, die man sonst selten sieht.

Immer noch gebräuchlich ist schwarze, zumindest gedeckte Kleidung. In der Tradition stand »schwarz« früher für Feier, nicht in erster Linie für Trauer. Die Bestattung eines Christen ist eine feierliche und eine ernste Sache. Denn der Tote ist allen, die zurückbleiben, auf einem Weg vorausgegangen, der ihnen noch bevorsteht. Wer kein unmittelbarer Angehöriger ist, legt die schwarze Kleidung meistens nach dem Bestattungstag wieder ab. Der Brauch, ein Trauerjahr zu halten, nimmt ab. Dabei sollten diese geregelten Verhaltensmaßnahmen die Trauernden schützen; heute erwartet man von ihnen vielmehr, dass sie sich baldmöglichst wieder »zusammenreißen« und der täglichen Normalität zuwenden.

An den Jahrestagen des Todes feiert man einen Gottesdienst mit, auch an den kirchlichen Gedenktagen für die Toten, dem Totensonntag bei den evangelischen und dem Allerseelenfest bei den katholischen Christen. Außerdem besucht man das Grab auf dem Friedhof.

Wie trauert man in den verschiedenen Kulturen der Welt?

Um den Trauernden zu helfen, die Trauer zu bewältigen, gibt es verschiedene Schutzfristen und Regeln für die Hinterbliebenen. Dazu gehören die Einhaltung einer Trauerzeit; das Tragen bestimmter Kleidung als Zeichen der Trauer; Verzicht auf laute Feste; Verharren im Dunkeln; Befreiung von Arbeit und religiösen Pflichten.

Die Länge der Trauerzeit ist unterschiedlich. Der tibetische Buddhismus lehrt, dass vom 3. bis zum 49. Tag nach dem Tod der Geist des Verstorbenen in Ohnmacht gefallen sei. In dieser Zeit soll der Leichnam bestattet werden und man darf trauern. Danach erfolgt die Wiedergeburt.

Bei den Juden heißt es: Drei Tage sind für das Weinen da, sieben für das Klagen, dreißig für die Trauer. Nur um die verstorbenen Eltern trauern deren Kinder ein ganzes Jahr lang.

Muslime feiern manchmal am 40. Tag nach der Beerdigung ein Fest, an dem die Trauernden wieder in den Kreis der Lebenden aufgenommen werden. Von da an geht man wieder zum Alltag über.

Bereits die alten Griechen und Römer trugen als Zeichen der Trauer dunkle Kleidung. Juden tragen in der ersten Woche nach dem Tod eines Angehörigen keine Lederschuhe und keinen Schmuck. Muslime sollen in den ersten 40 Tagen nach der Beerdigung Kleidung in gedeckten Farben tragen. Im Christentum ist Schwarz die Farbe der Trauer. Hindus und Buddhisten trauern in Weiß, also in ungefärbten Stoffen; in China trägt man rote und auf Bali bunte Kleider.

Wie sehen die verschiedenen Jenseitsvorstellungen in den Weltreligionen aus?

Unter den Religionen dieser Welt gibt es fünf, die besonders viele Anhänger haben. Man nennt sie die fünf großen Weltreligionen. Es sind das Judentum, das Christentum, der Islam, der Buddhismus und der Hinduismus

Juden, Christen und Muslime glauben an einen einzigen Gott, von dem jeder Mensch kommt und zu dem jeder Mensch nach seinem Tod zurückkehrt. Sie haben eine »lineare« Vorstellung vom Leben, das heißt, für sie verläuft die Zeit wie auf einer geraden Linie oder einem Lineal. Alles hat einen Anfang und ein Ende. Vor dem Anfang der Welt war Gott, und auch nach dem Ende der Welt wird Gott noch sein. Ein Mensch wird geboren, wenn seine Zeit gekommen ist, und er stirbt, wenn seine Zeit um ist. Gott selbst aber existiert nicht in der Zeit. Er ist ohne Anfang und Ende; er ist in Ewigkeit.

Die alten Israeliten glaubten nicht an ein Gericht nach dem Tod, sondern meinten, Gott verteile Lohn und Strafe für gute und schlechte Taten schon in diesem Leben. Später wurde das Judentum von anderen Glaubensrichtungen beeinflusst, und man übernahm die Vorstellungen von einem Ende der Zeiten und einem damit verbundenen Weltgericht.

Für Christen und Muslime gehört die Idee von einem Gericht nach dem Tod in den Mittelpunkt ihres Glaubens. Wann und wie es stattfindet, dazu gibt es unterschiedliche Auffassungen: entweder gleich nach dem Tod jedes einzelnen Menschen, oder so, dass alle Menschen erst am Ende aller Zeiten gemeinsam gerichtet werden. Im Koran, dem Glaubensbuch der Muslime, heißt es, dass das Ende der Zeit sich mit einer Weltkatastrophe ankündige. Eine solche Vorstellung gibt es auch in der Bibel. Katholische Christen und Muslime glauben, dass sie, bevor sie zu Gott kommen, durch ein Fegefeuer gehen. Es ist ein Bild dafür, dass sie von allem, was sie von Gott trennt, gereinigt werden müssen. Erst dann können sie so zu ihm zurückkehren, wie er sie gewollt hat, und dürfen für immer im Paradies sein, dem Ort ewigen Friedens und Glücks. Das Paradies haben sich die Menschen in vielerlei Kulturen immer wieder ausgemalt, zum Beispiel als »Insel der Seligen« oder als Garten. Bei den Christen wird das Reich Gottes oft mit einem prächtigen Hochzeitsfest verglichen.

Buddhisten und Hindus dagegen glauben, dass das Leben in einem ewigen Kreislauf von Tod und Wiedergeburt immer wieder von Neuem beginnt, wie ein Rad, das sich dreht. Der Mensch wird geboren, lebt hier auf der Erde, stirbt, wird wiedergeboren, lebt wieder, stirbt wieder und so weiter. Aus diesem Kreislauf »auszusteigen«, bedeutet für den Buddhisten und den Hindu die Erlösung von allem Leiden. Er kann diese Erlösung herbeiführen, indem er »gutes Karma« erwirbt.

Die Lehre vom Karma besagt, dass jede Tat, die getan oder unterlassen wird, sich auf das menschliche Schicksal und die nächste Wiedergeburt auswirkt. Durch gute Taten und Gedanken sammelt man gutes Karma, durch schlechte Taten und schlechte Gesinnung schlechtes Karma. Das Karma, das der Mensch in einem Leben durch sein Verhalten erwirbt, bestimmt am Ende, ob er in seinem nächsten Leben höher oder tiefer auf der Stufenleiter zur Erlösung wiedergeboren wird.

Buddhisten und Hindus glauben also, dass sie durch ihr Denken und Handeln ihre nächste Wiedergeburt gut oder schlecht beeinflussen können. Erst wenn sie am Ende eines Lebens nur gutes Karma aufzuweisen haben, müssen sie nicht mehr wiedergeboren werden. Dann hört die Seelenwanderung auf und sie gehen in die ewige selige Ruhe ein, ins Nirwana. Dort sind sie endgültig von allen Wünschen und Sehnsüchten und damit von allem Leiden befreit.

Stichwortverzeichnis